サービスの達人に会いにいく

プロフェッショナルサービスパーソン

PROFESSIONAL SERVICES PERSON

野地秩嘉
Tsuneyoshi Noji

プレジデント社

第1章

タイ馬鹿一代記
タイカレーを売る男

ヤマモリ会長

三林憲忠

（三重県桑名市）

タイカレーを情熱で売るタイ馬鹿

ヤマモリは1889年（明治22年）、三重県桑名市で創業した醤油の醸造メーカーだ。売り上げは267億6000万円で、従業員は809名（2023年3月）。醤油の製造販売から始めて、袋詰めスープ、レトルトのミートソースや釜めしの素などで業容を拡大してきた。加えて味の素の料理用調味料、日清製粉のパスタソースなどのOEM（相手先ブランドによる生産）も手掛け、地方の調味料メーカーとして堅実に成長してきた。

大きな転機は2000年だった。

タイにある同社の工場で製造したグリーン、レッド、イエローという3種の「タイカレー」を日本で売り出したのである。すぐにヒットはしなかった。しかし、時間はかかったがタイカレーは全国のスーパーに並ぶ商品になったのである。

当初、どこのスーパーのバイヤーも「緑色のカレーなんて売れないよ」とそっぽを向いた。だが、「タイ馬鹿」と自称した社長（当時、現会長）の三林憲忠《みつばやしのりただ》はあきらめなかった。「食べてみてください」とサンプルを押し付け、バイヤーが食べた頃、また訪ねて頭を下げた。1軒や2軒ではない。全国を東奔西走して試食を勧めたのである。

ヤマモリのタイカレーは少しずつ広まり、今や同社は桑名の調味料メーカーから、タイフードのヤマモリとして知られるようになった。

会長の三林は言う。

「タイカレーを売り出した頃、バイヤーから質問されたんです。『あなた、なんでそこまでやるの？』

いちいち説明するのが面倒くさかったから、『私はタイ馬鹿ですから』と。タイが好きだから売って歩いているんです。

タイカレーって名前を考えたのは私です。たとえばグリーンカレーのこと、タイでは『ゲーンキャオワーン』というんですよ。でも、日本のスーパーで売ろうとした時、ゲーンキャオワーンじゃ誰も買ってくれないでしょう。そこで、私がタイカレー、グリーンカレーと名付けたんです。

それまでタイカレーという言葉は世界のどこにもなかった。ところが、今ではタイ人だって、日本人客には『これはタイカレーだよ、おいしいよ』と言うようになったんです……」

三林が命名した同社のレトルト製タイカレーシリーズはシェアナンバーワンだ。それもあって同社のタイ現地法人の売り上げは２０１０年からの10年で5倍に伸びた。

タイカレーが日本で広まったのには、いくつかの要因がある。だが、最大のそれはタイ馬鹿と称して、製造販売に命を懸けた三林の情熱だ。情熱で押しまくり、馬鹿になって突っ込んでいったからタイカレーを一般スーパー、コンビニの定番商品にした。利口そうな顔をして「タイではこのゲーンキャオワーンが人々に愛されています」なんて言ったとしても、日本ではウケなかっただろう。

「情熱ですね。会長の情熱がタイカレーを日本に定着させた」

何げなくそう言ったら、三林は照れくさそうに顔をほころばせた。

やっぱり、この人はタイ馬鹿なんだな。

情熱その1　レトルト技術のヤマモリ

ヤマモリは三林の父親の時代に急成長した会社だ。売り上げを見ると1967年が2億円。82年が100億円。15年で50倍になっている。

そして、三林が父親の跡を継いで社長になったのは1982年のこと、彼は29歳だった。

三林は「うちが急に伸びたのは醤油ではなく、レトルト食品をスタートさせ、拡充したからです」と言った。

「大塚食品の『ボンカレー』が出たのが1968年。日本のレトルト食品の第1号です。翌69年、当社は『釜めしの素』を出しました。大塚食品さんは工場設備をアメリカから輸入したけれど、うちは自社開発したんです。それまでは醤油のメーカーですから、調味料から食品分野へ進出したことになります。以後、釜めしの素を皮切りに、ミートソース、カレーなどのレトルト食品を作り、販売しました。このレトルトの技術がタイカレーに生きているんです」

ただし、レトルト食品を柱に育てたのは父親だ。三林が最初に手掛けたのはサワー、つまりカクテルや酎ハイなどを作る際、アルコールと混ぜて用いるノンアルコール飲料で、業界では「割り材」と呼ぶ。

「社長になった時、重役には親父の番頭たちがいたんです。だから、最初のうちは何もできません。『若殿、お願いだから、黙って神輿《みこし》に担がれていてください』みたいな雰囲気でした。でも、それじゃ面白くないでしょう。

それで、私は酎ハイの割り材を作ってみようと……。実は私の仲人が三楽オーシャン（現・メルシャン）の会長をやっていて、挨拶に行ったら、机の上に割り材が置いてあった。当時、酎ハイが流行っていたんですね。飲んでみたら、アルコールも入ってない単なる果汁入り炭酸なんですよ。ところが炭酸圧は低いし、果汁感もない。これならうちでもっとおいしいものが作れると思って、また仲人のところへ持っていった。

『おう、お前が作った方がうまい。これを売れ』という話になった。

ところが番頭連中は『社長、まさか工場を建てるなんてことはしませんよね』とくぎを刺すわけです。若殿がバカ殿になるんじゃないかと心配だったわけ。しかも、『社長、サワーを売るのにうちのセールスは使えません。醤油や釜めしを売るための人員ですから』だから、自分で方々へ売り歩いたわけです。この時の経験が後にタイカレーの営業で生きるわけですけれど。

まあ結局、サワーは売れたんです。今でも売ってます。当時、売り上げが100億円だった頃、単品で25億円も売ったんです」

お目付け役の重役たちも喜んでくれた。ただし、まだ若殿扱いは変わらなかった。

情熱その2　タイカレーを現地生産

タイで仕事を始めたのは彼が社長になって7年目、1988年のこと。ただし、それはタイカレーではない。従来から付き合いのあった日清製粉と合弁で缶入りミートソースを生産する工場を建設、製品はすべて日本に輸出した。

「工場を造る前の年かな。私は初めてタイに行ったんです。他の工場見学もしましたし、ゴルフもしたし、タイ料理を食べにも行きました。どれも楽しかったけれど、なんといってもいちばんはタイの人たちの笑顔だった。

　バンコクの川沿いに超一流のオリエンタルホテルがある。そこから船に乗って水上生活の人たちのところへ行く。オリエンタルホテルと川の向こう側では別世界です。船から見てると、水上生活の子たちが川に飛び込んだりなんかしてるんですよ。それで、私たちに向かって、手を振る。やたらと明るいんですよ。これが日本だったら、私たちに向かって妬みみたいな感情が生まれるんじゃないかと思ってね。でも、屈託がないんです。笑って、手を振る。その明るさに心を打たれたんですよ。よーし、応援しようっていうか。

　私はビックリした。本当にこの国の人っていうのは、心豊かなんだなって。

　それからタイに行くようになっていろいろな経験をするわけです。たとえば坊さんが托鉢に来る。うちのタイ工場に来ますね。日本人の工場長とか幹部も、日本円でいえば100円くらいは出すわけです。ところが若い従業員はその3倍くらい、3000円あげちゃう。私たちはビックリするんだ。

『お前ね、きょうの一日分の日当以上に坊さんにお布施していいのか？』と聞いたんです。

　すると笑って答えるわけなんです。

『私はこの金がなくても今日、生活できないわけではない。だから、自分が払える、最大の額を出す』と。

日本人は無宗教なんですよ。伊勢神宮へ行ったって金持ちだってチャラ銭でしょう。お賽銭に2万円も3万円も出す人はいませんよ。タイの人たちは仏教を信じている。だから、自分ができる最大のことをする。それが何の不思議もないんですよ」

情熱は続く

1995年、三林は地元の大手ビールメーカーのオーナーと懇意になり、醤油工場を建設、日本醤油をタイで売ることにした。すると、最初に買ってくれたのは、タイに進出している日本料理店だった。続いて、現地で日本向けに製造しているあられ工場や鶏肉加工工場に売り込んだ。その後、現地での日本食レストラン増加に伴って、売り上げを伸ばしていった。日本醤油は地味ではあるけれど、着実にタイ社会で認められる存在になっていった。

日清製粉との合弁、日本醤油の工場を経て、三林は「次はタイの食文化を日本に伝えたい」と考えるようになった。

「日本の食文化の代表である醤油をタイで造って売っているうちに、今度はタイの人たちに恩返しをしなければならん。しからばヤマモリはタイの食文化を正しく日本に伝えるべきと思ったんです。心豊かな人たちのために応援したいからです。

ただし、その頃、日本の人たちはタイ料理を食べたことがなかった。屋台で食べる丼飯だと思っていたんです。事実、その頃、日本にあったタイ料理屋も屋台の店みたいなところばかりだった。

また、タイ料理のレトルト食品もなかったんです。私は都内のスーパーへ出かけていってタイ関連の食品を買い集めてみました。そうしたら、現地で作った粉末調味料のミックスみたいなものばっかり。しかも、説明はタイ語だし、包装もよくなかった。とてもじゃないけど日本のマーケットでは広まらない。そこで、われわれがやるなら味は現地の味そのもの。ただし、日本人の品質管理で、日本人の感性で作る。そして、レトルト食品にする。そう思ったのです」

生のハーブでないとダメ

三林がタイカレーを作り始めたのは1999年だった。

ただ、役員会に諮《はか》ったところ、またもや異論が出た。

「社長がタイが好きなことはよくわかります。しかし、タイカレーが売れますか。個人的な趣味を会社に持ち込まないでください」

三林は「ああそうなんだな」と思った。この人はタイカレーは私の道楽だと思っているんだな。必ず失敗するから止めようとしているんだな。

そこで、優しく反論した。

「みんな、私は成功の確率が51%はあると思うからやるんだ。サワーの時もそうだった。あの時も売れないからやめろと言われた。だが、51%は大丈夫だ。たとえば、日本人はカレーが好きだ。カレーをよく食べる。でも、いつも同じカレーじゃ飽きるだろ。いいんだ、10人のうち、ひとりが買ってくれればいい。そのひとりがコアなファンになって、ひとりで3個買ってくれたら、いいじゃないか。そうすれば10人のうち3人が買ってくれたことになる」

三林は屁理屈をこねまわして反論し、なんと、タイカレーを発売することで社論をまとめ上げてしまったのである。すべてはタイへの恩返しの気持ちからだった。

さて、まずは生産だ。製造工場は日清製粉と合弁で作ったミートソース工場の一角を使わせてもらうことにした。日本人の開発担当を現地に派遣し、タイの料理学校に通わせた。そうして、一から作り上げたのである。

「私が陣頭指揮しました。うちの開発担当は料理学校に通い、生のスパイスやハーブを石臼で擦って、手作業で現地そのままの味を再現しました。本当によくやってくれました。

現在、当社以外でもタイカレーを製造販売している会社はあります。しかし、輸入した原料を使い日本の工場で作っているところが多い。

しかし、それではタイカレーの味は出せません。タイカレーの味は生のハーブでないとダメなんです。

たとえばインドカレーでしたら、あれは乾燥スパイスですから輸入原料でもできる。けれども、タイカレーは生のハーブとスパイスがないとダメ。うちのタイカレーには本物の生のコブミカンの葉っぱが入ってます。それがないとタイカレーになりません。実は今、日本でも栽培を始めているんですが、タイと日本では気候が違うので試行錯誤を続けています。

大切なことですから、もう一度、言いますが、タイカレーと名付けたのは私です。これは間違いありません。そして、生のコブミカンの葉っぱでないとダメ」

高級スーパーへのセールス

タイ工場で製造したタイカレーを売り出したのは2000年だった。グリーン、イエロー、レッドの3種類を出した。しかし、当初はまったくといっていいくらい売れなかった。売れなかった理由は知名度がなかったことに尽きる。そして、扱ってくれる小売店もほぼなかった。

それでも三林は意気軒高だった。自らも販売促進に乗り出したのである。

「あるスーパーに私は売り込みに行ったんですよ、そうしたら、バイヤーさんから『こんな緑の食べ物はいらない』って。こんなもの食えるかって言われてね。

そこで成城石井に行ったんです。出てきたのは30代の若い係長で、その人は『面白い』と言ってくれました。成城石井がまだ4店舗しかなかった頃です。成城石井から始まってクイーンズ伊勢丹、明治屋、紀ノ国屋と、新しいものを認めてくれるところに商談に行きました。私が陣頭指揮し、うちのセールスマンもよく頑張ってくれました。

まあ、それでもすぐにはヒット商品にはならなかった。ただ、日を追うごとに売れていくようになりました。最初に買ってくださったのは、タイへ行ったことのある若い女性たちでした。彼女たちはタイへ行ってわざわざ日本料理は食べないわけです。現地の安くておいしいものを見つけて食べる。そういう人たちが『ヤマモリのタイフードは現地の味がする』と買ってくれました。

一方、中年の男性たちは食に保守的ですから、『タイカレー？　なんだそれ』で終わり。私としては中年男性、つまり、おじさんたちに食べてもらわなければ、いつまで経ってもタイカレーはマイナー食品のままで終わってしまう。そういうわけにはいかない。

その次は本物を知っている人たちが買ってくれました。

たとえば商社でタイに駐在していた、と。定年になって戻ってきて、ある日、『お前、本物のタイ料理を食べたいと思わないか。だが、日本ではそんな店は少ないしなあ』と。そういう人がある日、スーパーで当社のグリーンカレーを見つけて買ってみる。食べてみたら、『あっ、あの時の味だ。これからはたまに買って食べようじゃないか』。そういうふうに広まっていった」

販売促進策も考えた。代々木公園で開かれた第1回タイフードフェスティバルにブースを出店し、タイ好きの人が集まるところにも出かけていった。

回収でひどい目に遭う

タイカレーが少しずつ定着していくかに見えた2001年、三林が悔し泣きする事件が起こった。

三林は「思い出したくもない」と言いながら、正確に執拗に語った。

「販売店に卸したレトルトのタイカレーを全品回収したんです。これは本当に辛かった。乳化剤でポリソルベートというのがあります。世界では食品添加物として認められていますし、今は日本でも認められています（注：２００８年以降）。それに、２００１年当時でも医薬品に入れることはＯＫだった。むろん、私たちはそんなこととっくに知っていました。タイの資材メーカーには『ポリソルベート抜きの乳化剤にしてくれ』と指定していましたから。でも、そのメーカーが間違えてポリソルベートを入れてきたのが、横浜の税関で抜き打ち検査にあって引っかかったわけです」

結局、ヤマモリは新聞に告知を出して、計６万５３９６食回収した。回収して、三林が食べるわけではない。すべて産廃業者を通じて廃棄処分した。再生産して小売店の店頭に並んだのは年末だった。

「あの時、恐れていたのはうちが再販売にこぎつける前に誰かが参入してくることでした。まさにタイカレーが認知される状況になりつつあった時に、回収騒ぎになったんですよ。ただ、あの時、イトーヨーカドーさんのバイヤーさんが言ってくれました。『ヤマモリさん、回収はもう仕方ない。でも、これにめげないで必ず再発売してね。待ってるからさ』

小売店もタイカレーが売れるって確信していたんですよ。あれは嬉しかった。

でもねえ、メーカーとしては食えるものを何らかの理由で捨てるっていうのは、いちばん、堪《こた》えますよ。タイカレーがいけないわけじゃないんだから。それで回収作業があるじゃないですか。私はね、ポリソルベート入りの栄養ドリンクだったけど、『これ飲んで頑張ろう』って差し入れしたんですよ。悔しいじゃないですか。食べるられるものを。

それでね、回収を決めた7月11日を品質の日と定めて毎年、思い出しましょうとしたんです」

全品回収したことは経済的にはダメージだった。だが、長い目で見れば、ヤマモリはウソをつかない会社、責任を取る会社だというイメージを広めることにつながった。

タイカレーで終わってはいけない

回収を乗り越えた後、三林は地道にセールスを重ねた。そして、売り上げが上がってきた2004年にはタイに新工場を建設した。そして新工場で作られたタイカレーは日本向けだけでなく、タイの国内やASEAN諸国にも輸出している。

三林の進撃は続く。

2005年には名古屋駅に近い納屋橋にタイ商務省「タイ・セレクト・プレミアム」認定の本格的タイ料理店「サイアムガーデン」を出店した。コロナ禍を乗り切って盛業中である。

20種類を超えるヤマモリのタイカレー

そして、駐日タイ王国大使館と連携してタイフード認知拡大を目的に行っていた「タイ料理の夕べ」もコロナ禍で休んでいたが、4年ぶりに開催することができた。

回収があっても、新型コロナが流行しても、彼は立ち止まることはない。前へ前への人である。

ヤマモリのタイカレーは当初、3種類でスタートしたが、現在ではガパオ、パッタイなど汁物以外も増えて、20種類を超えた。さらにナンプラー、ココナッツミルクのようなタイの調味料も扱うようになった。情熱はタイカレーだけではなく、タイフード全体に向いている。

三林は言った。

「売れるのはグリーンカレーで、圧倒的です。それからマッサマンカレー。これは2011年にCNNインターナショナルが『世界で最も美味しい料理ランキング50』（World's 50 most delicious foods）を選出した時、マッサマンカレーを1位に選出したからです。それ以来、ずっと売れてます。

うちのタイカレーは発売当初、1個300円の値段をつけました。一般的に売られているカレーのレトルトを見ると、100円台ですよ。それなのに300円の売価をつけたのは前にも言いましたが10人中の10人に売ろうと思ってないから。10人のうちひとりがこれはいいわと3個買ってくれたらありがたい。そう思って値付けしたんです。コアなファンをつかむ商品だから、尖ったままにしてある。だからうちのタイカレーはマーケットのシェアトップになったんです。コアなファンにガッチリと支持されていることが自慢のロングヒット商品です。

どうしてヒットしたのか？

さあ、いろいろやりましたけれど、タイ馬鹿と言われたくらい、のめりこんだからでしょうか。

私はタイカレーのヤマモリといわれるようになって、嬉しかったけれど、同時にまだダメだとも感じました。俺たちはタイカレーのヤマモリだけじゃダメなんだ。タイフードのヤマモリにならなきゃダメと。

これからは基本調味料をやる。それにはナンプラーだ。現地の味そのもののナンプラーを作らなきゃいかん。在庫がくるくる回る商品じゃないからナンプラーじゃ儲からないかもしれない。しかし、日本で売っている既存のナンプラーはなってない。

イタイ人が食べたら怒るようなものではいけない。タイに申し訳ないし、タイフードのタイフードのイメージが悪くなる。

私は現地の味そのもののおいしいナンプラーを作って売り出しました。スイートチリソースも始めました。ココナッツミルクも重要。調味料はタイ料理の基本のキみたいなもんですからね。歯を食いしばってでも、われわれがやっていかないと……」

三林の話は終わらない。

彼はヒット商品を作るというより、日本にタイフードを根付かせようとしている。

太陽光を凸レンズで集めると瞬時に紙を燃えあがらせることができる。同じように三林は自身の情熱をひとつに集めた。そうしてタイカレーを日本人に広めていった。

ヒット商品を作るにはマーケティング、経営施策、開発陣が必要だ。だが、情熱がなければ広まることはない。

「あのー、ちょっといいですか」

「なんですか？」とわたし。

「あのね。ある高級スーパーがタイカレーのプライベート商品（ＰＢ）を作りたい、と。最初は断ったんです。ＰＢはいいけど、うちの製品をやめてＰＢは勘弁してください、と。そうしたら、カットしないって言うから、作ったんですわ。高級スーパー専用のＰＢをね」

「それなら問題ないじゃないですか」とわたし。

「はい、問題はないんです。しかし、ですよ。その高級スーパー、うちの製品よりも値付けが高いんだ。ちょっと待てよと。つまり、ヤマモリのタイカレーが標準品みたいになる。タイカレーの生みの親ですよ、当社は。それなのに、高く売られて……。なんとなく釈然としないなと。ヤマモリをなんだと思ってるんだ、ほんとに」

それでも彼の情熱は続く。釈然としなくても続く。

第2章

過疎と戦うジェットコースターDJ社長

シンセン社長

松田一伸

（北海道札幌市）

七つの顔を持つ男

松田一伸《かずのぶ》。63歳。彼は札幌市在住だ。18年前から地元のHBCラジオでDJをやっている。同時にシンセンという名前の広告代理店社長でもある。社員は4名。うちひとりは妻だ。自らこれまでに3000本以上のテレビやラジオのCMを制作した。夏が来ると積丹《しゃこたん》半島に海鮮丼の季節限定店舗を開く。名称は積丹しんせん。広告代理店と同じ名前だ。そこではウニ解禁の6月から約3カ月間のみ、「うに丼」を売りまくる。同地には老舗が3軒あるので、そこに入れなかった、おこぼれの客を狙うすき間ビジネスである。しかし、海鮮丼の味はいい。

11年前からは「すすきのなまら〜麺」、現在では「忍者麺」というレンジでチンするラーメンの販売も始めた。2024年からは故郷に近い美唄《びばい》市で、データセンターの熱を利用して北海道で初めて養殖したうなぎの販売もスタートする。干し芋工場もたぶん世界初。雪室で糖度を上げたさつまいもを茹で、雪室の冷風で乾燥させる。そうすると黄色い色がそのままの干し芋になる。

コロナ禍でマスクが手に入らない時、忍者麺で友情の芽生えたマレーシア人とすぐさまオリジナルマスクを170万枚製作、輸入した。北海道では感謝の嵐だった。

彼の仕事をビジネスコラムで取り上げるとしたら、「マルチパーパス経営」とか「多角化によりグロースする地場の中堅企業」などと表現するかもしれない。

しかし、実態はそんなカッコいいものではない。小さな仕事、取るに足らない仕事だ。手間ばかりかかって収穫は少ない仕事だ。だが、彼はつねに現場の最前線にいる。毎日、いずれかの仕事で何かトラブルが起こるとその場で解決する。問題の解決が彼の仕事だ。

だが、考えてみてほしい。世の中のサービス業の人間がやっていることは、どれも松田一伸がやっていることと変わらない。

みんな、小さな取るに足らない仕事をやっている。日々、問題を解決しながら懸命に生きている。

サービス業の仕事は、MBAを持ったエリートたちから見れば取るに足らない仕事かもしれない。それでもわたしたちサービスパーソンは朝早くから夜遅くまで働いている。エリートたちに「生産性向上うんぬん」と評論される覚えなどない。

わたしたちは流れに逆らうボートだ。オールを手に持ち、精一杯の力で漕ぎすすめている。松田一伸はわたしたちの代表だ。流れにのまれ、岩にぶつかり、激流に翻弄されながらもDJになる夢を捨てなかったから。

（注：「作家、ジャーナリストは接客業（サービス業）だ」©池島信平 かつての文藝春秋社長）

炭鉱の町、歌志内で育つ

1959年、彼は歌志内《うたしない》市に生まれた。近隣の芦別、赤平《あかびら》、上砂川のような炭鉱の町だ。ピーク時（1948年）、歌志内は4万6000人の人口だった。しかし、現在（2023年）では2724人。全国に792ある市のなかでもっとも人口が少ない。

また、2019年の統計になるが同市の出生数が12人なのに死亡数は200人。平均年齢は58・6歳。資料を閲覧すると、年表には閉山（炭鉱）、移転（企業）、閉校（小中高校）、廃止（鉄道とバス路線）、消滅（市内の二つの集落）という不気味な文字が見受けられる。北海道のなかでも過疎の典型だ。

だが、彼が小学生だった頃まで、炭鉱の景気はよく、人々は仕事をし、仕事が終わった後は繁華街の酒場へ繰り出していた。

彼は思い出す。

「うちの親父は三井鉱山（現・日本コークス工業）の社員で発破、ダイナマイトの担当でした。発破で石炭を掘り出すんです。社員は石炭の配給を受けるんです。風呂の燃料は石炭ですから。秋になるとストーブ用の石炭も含めて2トンか3トンくれるんですよ。会社のトラックが家の前にやってきて、石炭をばーっと捨てていく。僕と弟が石炭置き場までスコップで運んでいく。あれが嫌でした。重いし、汚れるし。

親父は山師的なところがあって、会社に内緒でトリスバーをやってたんです。おふくろがママ。おふくろは夕方になると化粧して、バーに出勤。おやじは客です。友達を連れてきてはツケで飲ませるから、ぜんぜん儲からない。

小学校は野球、中学はスキーとバレー、高校までバレー部で、同時に中学、高校の時はバンドを組んで歌ってました。それこそツェッペリン（レッド・ツェッペリン）とか、ディープ・パープルとか。東京でもそうでしたか？　日本中、みんな同じだったんですね。歌志内はほんと田舎でしたから。懐かしいのはナンコです。馬の腸の味噌煮、こればかりは歌志内じゃないと食べられないです」

ナンコはおいしいのだろうけれど、これもまた取るに足らないおかずだ。取るに足らない男は取るに足らない町に生まれ、取るに足らないものを食べて大きくなったのである。

「オレはDJになる」

高校3年生の時、彼は北海道大学、北海道教育大学など軒並み受験したが、もちろん落第して札幌の予備校へ通うようになる。なんといっても札幌は彼にとって初めての都会だ。入学はしたものの、通学はせず、毎日、遊びほうけたのだった。その時、彼は18歳。当時、大流行していたディスコに足を踏み入れた。「カルチェラタン」「パブウエシマ」「ラブリー」……。どこのディスコでも、かかっていた曲は「サタデー・ナイト・フィーバー」（1977年公開）の「ステイン・アライブ」「恋のナイトフィーバー」「愛はきらめきの中に」（いずれもビージーズ）だった。

痩せていた彼は髪の毛を伸ばし、ジョン・トラボルタのように夜の札幌を歩いた。そして毎晩、ディスコにいるうちに真理を得た。それは、ディスコでいちばんモテるのはフロアで踊る若者ではないこと。問答無用ともいえるくらいモテたのは、ブースでレコードをかけ、英語で曲紹介をするＤＪだった。

フロアで踊るカッコいい若者だった彼は改心した。

「モテないのだから踊らない」

それより、ＤＪになろう。ただのＤＪではなく、英語でしゃべるＤＪだ。それならアメリカへ留学するしかない。

そう決心した時も彼は18歳だった。取るに足らない年齢だから、考えることもまた幼稚だった。

しかし、行動派だった。

歌志内にいる両親に「アメリカに留学することにした」と告げる。

ふたりは「なんでだ」といぶかしそうな顔をした。

「ラジオのＤＪになりたいんだ。アメリカの大学にはＤＪになる学科がある」

両親は破顔一笑である。

「いいじゃないか、すぐ行け。頑張れ。カネは出せないけど」

札幌に戻った彼は予備校には行かず、下宿先で英語の勉強を開始した。同時にアルバイトでディスコのＤＪの真似事と店員として稼いだ。しかし、アメリカの大学は９月から学期が始まる。急いで勉強しなくてはならない。腕試しにＴＯＥＦＬの試験を受けたところ４２０点の成績だった。その成績ではハーバード大学やイェール大学には絶対に入ることはできない。地方にある大学ならＥＳＬ（英語が母国語でない学生のために設けられた英語プログラム）のクラスも必要だが滑り込むことができる。彼が見つけたのはユタ州セントジョージにある州立ディクシー大学。同大学には大学のＦＭステーションとＤＪになるコースがあった。

９月に入学するため、彼は予備校生活を切り上げ、アルバイトでためた金と親にもらった金、あわせて１万ドル（当時は日本円で２５０万円）を腹巻のなかにつめこんで、成田空港からユタ州への途中経由地、ロサンゼルスへ向かった。

セントジョージのFM局でDJに

ロサンゼルスに着いて、荷物が出てくるのを待っていたら、スーツケースごと盗まれたとわかった。全財産は腹巻のなかの現金だけだ。普通ならがっくりと肩を落とすところだが、彼の頭のなかには、DJになってまず金髪美女にモテる計画があったから、まったく動じなかった。

「じゃ、ロサンゼルスのディスコへ行くか」。その前にホテルを決めなくてはならない。予約していなかったから、良さそうなホテルに電話したところ、まったく英語が聞き取れず、そのまま電話を切った。

そこで、「ガイジンにホテルを予約してもらおう」と思ったのである。歩いてきた中年の女性に笑いかけ、「ホテル、プリーズ」と近寄っていったところ、その女性は真っ赤な顔になり、「Oh my God!」と叫んだかと思うと、彼のほっぺたを力いっぱい叩いた。

女性は見も知らぬ東洋人から「ホテル行こうよ」と誘われたと勘違いしたのである。

歩き去っていった女性の後ろ姿を眺めながら、彼はひとりごちた。

「ホテル、『リザベーション』、プリーズだったな」

なんとかホテルに入り、そのままディスコで一晩過ごし、翌日、グレイハウンドバスでユタ州セントジョージへ向かった。バスのなかでもらった運行表を見ていたら、セントジョージに着く前の停留所がラスベガスだったのである。

「あ？」

彼の頭のなかで運命の鐘が鳴った。もちろんラスベガスで途中下車。バス停からいちばん近いカジノに入り、ブラックジャックの台に座る。10万円を100万円に増やしたところで、一発勝負に出た。案の定、負けた。そこで、退散し、次のバスでセントジョージへ向かった。到着して、最初に決めたことは「ラスベガスまで車で1時間半だ。よし、中古の車を買おう」である。

彼がユタ州立ディクシー大学にいたのは1979年9月から83年の6月までの5年間である。通常は4年で修了するのだが、もろもろの事情があって、5年間、学ぶことになったのである。単位を取ったのは英米文学、数学などの教養科目、ジャーナリズム、ブロードキャスティング、放送局の機材の使い方、番組のつくり方、ラジオCMの制作実習……。

現在の広告代理店の仕事には役立っているが、干し芋作り、マスク作り、忍者麺の製造販売にはちっとも役に立っていない。

人生のなかで重要だったのは、初めて本格的なラジオ局で番組を持ち、ＤＪになったことだ。約2年間、彼は大学が運営するＦＭ局で、企画からパーソナリティまでを担当し、毎週1回、「サウンズ・ホッカイドウ」という大学のＦＭ局からローカル番組を流した。しゃべるのはむろん英語である。流す曲は自分が日本の誇りと感じるＹＭＯ、中島みゆき、松山千春、オフコース、サザンオールスターズといったアーティストの曲。

「サウンズ・ホッカイドウ」は小さな大学都市セントジョージの町で日本人がＤＪをやる番組として、日本語や日本の文化も学べる番組として、珍しいこともあり、アメリカ人に少しは興味を持たれた。

ＤＪの勉強よりも人生勉強

話は少し戻る。

入学してすぐ、彼は中古でボルボのアマゾンを買った。週末になるとその車を駆ってラスベガスに出かけ、ブラックジャックに興じたのだった。腹巻に入れた200万円は中古のボルボ・アマゾンとブラックジャックの掛け金に代わり、半年でなくなってしまった。

アメリカで最初に買ったボルボ・アマゾンと

学費を稼ぐためには日本に帰るしかない。半年後、両親には内緒で日本に帰り、東京でアルバイトをすることにした。幸い、アメリカの大学は単位制だった。学期ごとに単位を取り、積み重なれば卒業できる。半年間、勉強して単位を取り、半年は社会で働く学生も少なくなかった。彼もまた勉強だけの学生生活ではなく、半年はDJとラスベガス、残りの半年は東京でアルバイトという生活を送ることにした。

さて、東京に帰った彼はまず住宅を確保した。といっても友人の家に転がり込んだ。だから家賃はタダだ。問題は何をやるか、である。短期間で大きく稼ぐには、人が嫌がる仕事をしなければならない。

最初にイエローページをめくって見つけた高賃金の仕事は、英会話教材の電話営業だった。教材の値段はワンセットで45万円。1980年の大学卒初任給は11万4500円だから、かなりの額になる。

しかし、彼はためらうことなく教材販売を始めた。

「僕はこのテープを聞いてアメリカに留学したんです」とのセールストークで、なんと最初から1カ月に8セット、3カ月で30セットも売ってしまった。歩合も含めると、ラスベガスで溶かした200万円以上の金が手に入り、それを持ってふたたびアメリカへ旅立ったのである。

翌年、また金がなくなった。躊躇することなく東京の別の友人のアパートに転がり込む。その年の仕事は英会話教材ではなく、太陽熱温水器の訪問販売だ。それでもまた3カ月で200万円以上の歩合を稼ぎ、アメリカへ。

しかし、彼は反省した。もともと田舎育ちで人のいいところがある彼にとって高額な教材販売や温水器の販売を続けることには耐えられなかった。インチキ商品とはいわないが、消費者にとっては負担の大きい金額だ。そして、それを簡単に売ってしまう自分の才能にも恐れを抱いた。

「このまま続けていたら、しまいには詐欺師になってしまう」

彼はＤＪ志望だ。詐欺師になる勉強をしてはいけないと反省し、3年目からは職種を低賃金長時間労働に変えた。3年目は自動販売機の設置、4年目はチリ紙交換、卒業する年は新宿・歌舞伎町のゲーム喫茶店店長である。しかし、営業の才能は隠せなかった。自動販売機の設置でもチリ紙交換でもカイゼンとくふうを続けることでナンバーワン営業マンになってしまったのである。そこで、卒業する年は営業職から離れて喫茶店店長になることにした。報酬は1カ月で30万円。3カ月やれば、なんとかアメリカへ行って卒業までの学費を払うことができる。

ところが、一見、地味に見える仕事に落とし穴があった。

彼はため息をつきながら、わたしに打ち明けた。もう時効だからいいかと付け加えながら、である。

「実はゲーム喫茶のオーナーはポーカーゲームの機械屋で闇カジノやってたんですよ。喫茶店はコーヒーを売るよりポーカーゲームのコインを両替していて、その手数料で儲けていました。

オーナーに言われました。『おい、学生、黙ってたら分け前やる』と結構なお金の小遣いをもらってたんです。そして、2カ月が経ったある日のこと、突然、警察に踏み込まれて、僕も逮捕されちゃいました。8日間も留置場にいたんです。そうですね。同窓じゃない、同室の人は爆弾魔と思いっきり、やくざの人。でも、ふたりはよくしてくれました。爆弾魔さんからは爆弾のつくり方を教わりましたし。ええ、作ってませんけど。でも、僕は何もしていなかったから、起訴猶予、賞罰なしで放免されました」

シンセン・ラジオ・ステーション

留置場にいたことは今でも両親には内緒だ。しかし、本書で暴露される。

さて、24歳で帰国した彼は札幌に戻り、地元の放送局にディクシー大学のディプロマ（卒業証書）を提出した。ところが、どの放送局も「アメリカの大学は日本の大学ではない」と就職試験を受けることもできなかった。意気消沈した彼は歌志内へ戻り、実家で英会話教室を始める。すると、同市内で英語がしゃべれるのは彼ひとりしかいなかったこともあって教室は大盛況。放送局の初任給の2倍くらいの金を稼ぐことができたのである。

さて、その後は途中をすっ飛ばして話を進める。

英会話教室は半年で弟にまかせた。札幌に出た彼は広告代理店に勤める。最初は弱小プロダクション、その後、博報堂のアルバイト、最後はパブリックセンターという道内で知られた代理店に勤務。次長職となる。この間、結婚、ふたりの子どもに恵まれる。広告界で頭角を現し、コピーライター、プランナー、プロデューサー、映像ディレクター、営業と何でもこなす。34歳になった日、突如として退社、独立した。

「人生は70歳までだと勝手に決めました。70歳で自分は死ぬんだ、と。それまでにＤＪをやらなくてはいけない。死ぬならマイクの前で死にたい」

彼は本気でそう思った。独立して開業した会社、シンセン（当時は新宣組）は全社員４名にもかかわらず、２畳の自社スタジオを有し、かつ、全員参加の制作営業体制を敷いた。それもあって社業はなんとか順調。

そんな彼が自社で番組枠を買い切って始めたのが２００５年10月９日放送開始の30分番組、ＨＢＣ「ヘンシン・ラジオ・ステーション」（２００９年５月より「シンセン・ラジオ・ステーション」）だった。18歳で決心したＤＪになるために28年の時間が必要だった。

DJとして優れているところ

同番組は18年間、続いている。内容はゲストを迎えた対談だ。

「私が会いたいと思ったチャーミングな人たちがゲストです。30分の番組ですが実質の時間は23分間。事前の打ち合わせは10分か15分。それで1回の放送を行います。曲はかけませんが、歌手をゲストに迎えた時は別です。以前のことになりますが、第1回目のゲストは松崎しげるさんで、その時番組のジングルを生で歌っていただきました。この間は八神純子さんがいらっしゃいました。ドラクエVの時のすぎやまこういちさんも。

会社もスタジオもオフィスも自宅と一緒なんです。2階に妻とふたりで住んでますから、24時間365日いつでも録音できます。この番組の聴取率は低い時で1%台後半、高い時は2%。2%は10万人くらい。だから、番組で『3000円のお花をプレゼントします』と言ったらメールが400通も来たことがあります。聴いているのは札幌だけじゃなく、北海道全域と青森、秋田、岩手、福島の海側の東北地区です。今ではラジコもあるので日本全国聴きたい人は聴ける。すごいことですよ」

わたしは彼の番組を見学した。実際にゲスト出演もした。

感心したのは放送前の打ち合わせだった。彼はゲストの人生をわずか15分の間に聞き取り、それをB4の紙1枚にまとめてしまう。聞くのも上手で、裸にされてしまった気分だった。DJでなく、事情聴取を得意とする刑事を目指せばよかったのではないかと感じた。そして、紙を見せてもらったら、ゲストの歩いてきた道を5つか6つの言葉で表していた。

「30分の放送のために人生を6つの言葉でまとめる」

DJ松田一伸の才能とは人物を極端に簡素化することだ。彼は冗談がうまいわけではない。ほがらかではあるけれど、テンションが高いわけではない。相手の言葉を切り返すのが上手でもない。

だが、相手から言葉を引き出す能力があり、引き出した言葉をたちまちエッセンスにしてしまう能力がある。

思うに、その能力はディクシー大学のDJ課程で学んだものではないだろう。

英会話の教材を売ったり、自動販売機の設置をお願いしたり、太陽熱温水器を埼玉にたくさん設置したり、原宿のビル街でチリ紙交換の営業をしたり、ポーカーゲーム喫茶での接客で覚えた技だ。どの仕事も相手の人生、人格を瞬時に理解しなくていけない。彼のDJ技術とは対面した相手を理解する能力だ。

彼は商材に詳しいのではなく、買い手を知ろうとする。だから、どんな仕事をしてもナンバーワンになることができた。営業の能力とはモノよりも相手を理解し、相手の話を聞くことだ。何もアメリカのユタ州まで出かけていかなくとも、英会話の教材やチリ紙交換に専念していればよかった、かもしれない。

忍者麺と北海道愛

忍者麺は彼が番組のゲストと話しているうちに製造販売を始めてしまった商材だ。レンジでチンして作る生麺だ。しかも、冷凍ではない。発酵技術を用いて腐敗を緩慢にしているため常温保存で90日は持つ。また、麺を茹でなくていいから、どんぶりだけで、鍋がいらない。麺を茹でた湯を捨てなくていい。さらに、同梱してあるスープに動物の脂は使っていないから、世界中に輸出することができる。

忍者麺という名前から想像できるように、海外から北海道にやってきたインバウンド客が主なターゲットだ。この夏からは羽田空港でも販売するようになった。インバウンド客に次いで、忍者麺のヘビーユーザーとなっているのが、すすきののスナックだ。スナックには麺を茹でる設備はないけれど、電子レンジはある。「ラーメン食べたい」という客に店で作って出しているのだという。

忍者麺のチラシより

せっかくDJになったのに、忍者麺を始めたのは北海道愛からだ。

それも札幌、ニセコ、富良野といった観光客が来る北海道ではない。彼が愛するのは歌志内、芦別、美唄、三笠といった炭鉱町だ。取るに足らない町、前途がないと思われている町のために仕事をする。

ユタ州まで出かけたり、留置場に入れられたりと長い寄り道をしたけれど、晩年（まだ生きている）は北海道に尽くすと決めている。

さて、松田の独白だ。

「忍者麺の小麦粉は100％道産小麦です。何が違うかって、弾力がまったく違うんですよ。北海道だからです。

今、美唄の仕事をしているんです。室蘭工業大学を出た博士が雪でデータセンターを冷やすっていうことを始めたんですよ。それをきっかけに雪解け水でうなぎを養殖したり、化粧水を作ったり、それから干し芋を作ったり……。全部、雪でやっているんです。

美唄も人がいないんですよ。あの辺も元は炭鉱でしたから。だって、歌志内は2700人ですよ。すぐに2000人を切り、1000人になる。どうですかね、広いところにぽつんぽつんと人がいる感じで、それも老人ばっかりです。

僕が小さい頃には町は賑わっていて。おふくろがやっていたトリスバーだって毎日、満員でした。歌志内、赤平、美唄、三笠、上砂川、どこも全部、炭鉱で栄えていて……。あ、夕張があった。放っておくと、そういうところはどうなるんだろう、いったい」

DJの次にやることは北海道を救うことだと彼は考えている。

そうですよね、と確認を取ったら、「なんとかしたいなあと思っているんですけど」と彼は力なく笑った。

第3章

彦寿しと活け締めの名人

彦寿し

泉明彦

（福岡県福岡市）

白身魚の刺身はどこよりもおいしい

福岡の桜坂にある彦寿しはどこの町にもあるごく普通の寿司屋だ。親子ふたりで寿司を握る。親子ふたりが客としゃべる。親子ふたりがオートバイに乗って出前に行く。仕入れもふたりで分担する。ただし、酒の支度とお茶を出すのはお母さんの役目だ。カウンターだけの店で、ガラスケースには博多湾で獲れた地の鮮魚、魚介が整然と並べてある。席は少なく、せいぜい10人までしか座れない。

むろん、値段もごく普通だ。1人前は握り寿司が8個と手巻きが1本。それが3500円。酒も飲まず、1人前を食べて、「あー、おいしかった」と帰るおじさん、おばさんの客がごく普通にいる。

コロナ禍でも客数が大きく減ったわけではない。インバウンド客が来る店ではなかったし、開店してからずっと出前もやっていた。店に来ない客は出前を頼むか、店まで寿司を取りに来た。

どこから見ても、普通すぎるくらい普通の町の寿司屋だ。ただ、「普通ではないな」と感じるところもある。

たとえば、彦寿しでは冷凍した素材は使わない。養殖の魚も使わない。冷凍も養殖も一度も使ったこともないからこれからも使わない。マグロだってむろん、天然だ。そして、寿司ネタの大半は博多湾で獲れた材料だ。鯛、平目は地元の姪浜《めいのはま》に揚がったものだけを使う。的確な技術で活け締《いじ》めにしたものだ。それも、ある特定の漁師が獲ってきて、的確な技術で活け締めにした鯛、平目しか出さない。

ほとんどの魚は丸のまま買ってきて、店で切り分ける。だから、彦寿しでは鯛、平目、穴子などの肝は茹でて、フォアグラのようにして、つまみにする。

現在、切り身を配達してもらっている寿司屋は少なくない。そういうところは肝をつまみに出すなんてことはできない。

日本にはそれこそ数えきれない寿司店があるけれど、材料を仕入れるのに、獲ってきた漁師だけでなく、魚の鮮度を保つ技を持つ達人まで、指定して選んでいる寿司店は彦寿しくらいのものだ。

「博多前」の寿司店で修業

彦寿しの主人、泉明彦は1942年、満州（現・中国北東部）に生まれた。引き揚げてきて福岡県八女市の中学を卒業して、一時期は実家の手伝いをした後、18歳の時、福岡市の天神ビル内にあった寿司店「河庄天神ビル店」に修業に入った。

「河庄天神ビル店は博多では画期的な寿司屋でした。当時も今も、寿司は江戸前が基本です。河庄だって、江戸前の仕事をする寿司屋でしたが、しゃりとネタの大きさが違うんです。ネタの方が大きいので、『博多前』と言ってました」

地元の魚を出すだけでなく、築地からホンマグロを空輸して、福岡の人間に味をプレゼンテーションしたのも河庄天神ビル店だった。それまで福岡や九州の人間が食べていた赤身の魚はヨコワ（クロマグロの幼魚）、カツオ、ヤイトガツオだったのである。

河庄天神ビル店が始めて以後、福岡では「博多前」を名乗る寿司屋が次々と出てきた。なかには博多前の特徴を強調するあまり、ネタを酢飯の2倍、3倍の長さにして、余ったネタをはさみで切って食べさせるところもあった。

また、河庄天神ビル店は寿司だけを握る専門店だった。こう書くと、「そんなの当たり前」と思われるかもしれないが、昭和30年代、40年代まで、寿司屋は一部の超高級店を除けば、鰻や天ぷらも一緒に調理して出すのが一般的だったのである。たとえば西中洲にある河庄本店は天神ビル店とは異なり、寿司割烹の店として知られる店だった。

そして、泉明彦の修業が始まる。

「私たちの世界では『弟子上がり7年、お礼3年』って言葉があります」

店に入ったら、掃除、出前、片付けといった「追いまわし」の雑務から始まり、7年間は仕入れや仕込み、寿司の握り方などを習う。そして一人前になった後、3年間はお礼奉公をして、その後、独立というのが、その頃の決まったコースだった。

明彦は鮮魚店で働いていたことがあったので、魚を見る目は養われていたし、さばき方も慣れたものだった。仕込み方、握り方についても1年もかからずに習得した。

姪浜の達人夫婦

1970年、明彦は独立して、桜坂に店を開いた。彦寿しの客は地元に住む普通の人だ。有名人や富裕層が飛行機に乗ってやってくる店ではない。明彦は最初はカウンターにひとりで立ち、息子の武志が隣にきてからは、ふたりで、黙々と仕事をした。

独立してから、長い間、明彦が仕入れに行っていたのは福岡の柳橋連合市場だった。だが、息子の武志が「驚くくらい、新鮮な魚を見つけた」と言ってきた。武志の説明はこうだ。

「それまでは市場締め、もしくは市場のいけすで活かしておいた魚を仕入れてました。どちらも市場やいけすで寝ている時間があるから、身は痩せます。もっと、新鮮な魚を手に入れることはできないかと思って……。そうだ。地元の姪浜まで行って、漁から戻った船の魚を買えばいい、と。それで十数年前から毎日のように姪浜に通うことにしました」

姪浜は福岡の中心部から車で15分で行ける漁港だ。素人が釣りを楽しむ遊漁船ではなく、

新鮮な姪浜の鯛

沿岸漁業主体の港で、早朝、港へ行くと、出漁した船が戻ってくる風景が見られる。また、毎週、日曜日は朝市をやっている。コロナ禍の後、再開し、にぎわうようになった。そして、朝獲れの魚は一般客も買うことができる。ただし、魚は一匹単位で買わなければならないし、うろこは自分で落とさなくてはならない。だから、来ているのは料理人が多い。

武志が姪浜に通い出して数年経ったある日のこと。明彦は彦寿しで鯛をおろしながら、味見のため、身の端っこを口に入れたとたん大声で怒鳴った。

「なんだ、これは」

武志は身をすくめた。

それは武志が姪浜の西島英二、えつ子夫妻から仕入れてきた、活け締めの鯛だった。

「おい、この鯛は何だ。まったく異次元の味じゃないか」

明彦は鯛を食べて、ねっとりとしたうまみに驚いたのである。

「なんだ。おいしいってことか」

武志は怒鳴ったことのない父親が大声を出したので、びっくりしたのだった。

武志は思い出す。

「西島さんが獲って、奥さんが締めた鯛は味が違うんです。奥さんは素早く締める。見ているとほれぼれしますよ。うちのおやじはあの時が西島さんの鯛の初体験だった」

針金でぐいっと鯛を神経締め

姪浜は福岡の天神から地下鉄で15分。姪浜駅から港まではバスで15分、歩くと30分はかかる。

大きな港ではない。漁船が20隻くらい、岸壁につながれている。

わたしが訪ねていったのは5月の日曜日、午前10時頃だった。

西島夫妻はふたりで岸壁に立っていた。

「今日は日曜日だから休みですね」と言ったら、「はい、さようです」と非常に丁寧な言

西島夫妻

葉で挨拶された。しかも、ふたりは深々と頭を下げた。

「西島さんはもう長いこと、漁師をやってらっしゃるのですか？」

「はい」

なぜか夫婦ふたりで答えた。

その後は夫が話す。

「そうね、中学を出て船に乗って、今年で75歳だから、60年か。初めは木の船やった。木造船。それからプラスチックの船をつくって、今のはアルミ。アルミ製は金がかかるけど、船足が速い。他の船よりも速く、魚を港に持ってこられる。

出ていくのは夏場やったら、朝の5時頃。冬はもう……」

ここからは奥さん、えつ子さんがしゃべりまくった。

「そうね、冬は7時頃。そうでないと暗いからね。海が明るくないとね、危ないじゃないですか。帰ってくるのは魚が獲れた時間によるの。獲れんやったら、ずっとおらないかんばってん。

もうひとりの手伝いの人とふたりで乗っていって底引き網で鯛を獲ってくる。ただ、5月から12月。それ以外はシャコやったり、穴子やったり。

港に戻ってきたのを待っていて、私が鯛を神経締めしてね。針金みたいなので、髄みたいのをグッと一発で。そうだ。やってみようかね、ちょうど一匹、残しとるけん」

えつ子さんは取材の意図をよくわかっていた。口で言うよりも、目の前でやってくれるというわけだ。

彼女はいけすにいた生きた鯛を手に持ち、手鉤を脊髄に入れた。そして、尾っぽから血液を抜く。ここまでが活け締め。その後、頭から背中に針金を通して髄液を抜く。これが神経締め。

えつ子さんは鯛の神経を抜いた後、氷を浮かべた海水に3分間、漬けた。すると、鯛の表面は赤い色になった。

「これね、漬けすぎると今度は鯛の表面が白くなるので、よく見ておかないとね。白くなる寸前で、海水から取り出すんです」

あっという間の作業だ。鯛がたくさん獲れたたら、えつ子さんは仲間のおばさんたちと話しながら、針金をぐいっと、鯛に通していく。えつ子さんに「ぐいっ」とやられたら、痛いだろうなと思ってしまう。

えつ子さんは言った。

「一気にやらないといけないんです。へたにやると、鯛の身に赤い線が入るから。ぐいっと、一気に。ぐいっ、が大事です。私は見よう見まねで練習しただけです。そやけん真っ直ぐできるようになるにはちょっと時間がかかったかな。

嬉しかったのはね、昨年の12月の初め頃かな。うちのお客さんが大阪の親戚に鯛を送るって言うて来られたんです。3キロくらいの鯛が揚がったから、神経締めして、うろこも内臓も取って送ったんです。そうしたら、お客さんから電話がかかってきてね。大阪のおばあちゃんが、こんなおいしい鯛は生まれて初めて食べたって。こんなにおいしいお刺身は初めてだって、言ってたよって。それは嬉しいです」

わたしは訊ねた。

「夫婦で彦寿しに行ったことはあるんですか？」

ふたりで答えた。

「一回もない」

えつ子さんが後を引き取る。

「一度もないから、行きたいんですよ。でも、姪浜から桜坂だと30分くらいかかるからね。それより、食事はうちで食べるんですよ。え、いや、刺身は食べません。毎日、鯛を見てるから。お父さんは『もう3切れかそこら食べればいい』って。だから、肉が多いです」

ふたりはコロナ禍では苦労した。漁は続けたが、飲食店がやっていなかったこともあって、取引価格は暴落した。鯛一匹は通常であれば1万5000円で売ることができる。ところが、コロナ禍ではせいぜい6000円だった。

西島さんは言った。

「船の油代も出なかったね」

おいしい寿司は職人ひとりではできない

彦寿しは日曜日もやっている。姪浜に行った日の夕方、寿司を食べに行った。といっても、飛行機で東京へ帰らなければならなかったから、夕方6時から1時間だけ。

すぐに目の前に鯛の刺身が出てきた。

「姪浜の西島さんの鯛。食べてみると、ぜんぜん違いますよ」

明彦はそう言った。

口に入れるとソフトな舌触りなのだが、鯛の身の味がする。わたしはそれまで「こりこりした魚が獲りたての味」とばかり思っていたけれど、それはまったくの誤解だった。ちゃんと締めた魚の身の方がうまみがある。

明彦は鯛の大きさを見て、大きなものは塩を振って水分を出す。小さめのものは何もせずにただ切って刺身にする。

食べながら、わたしは訊ねた。

「要するにおいしい寿司は職人ひとりではできないのですね」

明彦と武志はうなずいた。

「まあ、寿司屋はおいしい魚を獲ってくることはできませんから」と明彦。

「まあ、寿司屋は魚の締め方が上手なわけじゃありませんから」と息子の武志。

彦寿しは世界一の寿司屋でもないし、日本一の寿司屋でもない。だが、その町で、桜坂ではいちばんの寿司屋だ。

そして、西島えつ子さんは世界一の締めるプロ。お父さんの英二さんは締めるプロの原材料を獲ってくる人。

第4章

長袖シャツの炭焼き焙煎士

ポケットファクトリー

川上敦久

（愛知県名古屋市）

半袖シャツは着ない

県営名古屋空港（小牧空港）から10分の場所にある静かな住宅街。毎朝、6時半になると、コーヒー豆を焙煎する香りが漂ってくる。

住宅街のなかにあるカフェ「ポケットファクトリー」では代表者で焙煎士の川上敦久が仕事を始める。炭火を熾《おこ》し、コーヒー豆を焙煎する。カフェの近くに住む人は幸せだ。毎朝、いい香りで目が覚めるのだから。一日のスタートとしては極上だ。コーヒーが嫌いな人でも、香りまで憎む人はいない。

カフェの入り口横にある6畳ほどの焙煎室をのぞくと川上は長袖シャツの上にトレーナーを着て、さらにジャケットを羽織って働いていた。

焙煎機は特注して作ったもの。炭火の窯、回転ドラム、豆を入れるじょうろ型の投入器、焙煎した豆を冷やす冷却器という四つの部分からできている。川上は炭窯のふたを開け、炭の位置を微妙に変えることで、火加減を調節していた。

わたしが訪ねていった時は真冬だった。それでも、焙煎室は暑く、重ね着姿の川上はだらだらと汗を流していた。

「脱げばいいのに」

そう言ったら、彼は平然と答えた。

「いえ、大丈夫です。夏でも長袖なんですよ」

窯の開閉口を開けると、爆《は》ぜた炭が飛んでくることがある。すると腕や身体に付着する。肌を露出したままだと火傷してしまうので、真夏でも長袖の服を着て仕事をする。

夏になると焙煎室の室温は70度を超える。サウナのようになる。毎日、4リットルの水を飲み、タオルで汗を拭きながら、窯の前に立つ。冷房は入れない。冷房の湿気が水滴となり、コーヒー豆に落ちたら質が悪くなり、匂いがついてしまう。彼は豆に汗を垂らさないよう、シャツの袖には輪ゴムをはめていた。

暑さと戦う難行のような仕事が炭火焙煎なのである。

焙煎の仕事が終わったら、顧客にできあがったコーヒーやドリップパックを発送する。顧客とは焙煎した豆を定期的に購入する喫茶店、カフェといった法人客だ。一方、ひとりで飲むためのドリップパックを注文してくるのは個人の客である。

そして午後1時から5時まではカフェを開けているから、コーヒーを飲みに来る客にドリップしてサービスすることもある。

缶コーヒーを飲む男

生まれたのは岐阜の下呂温泉で、実家は理容店だった。父と母が離婚したこともあり、働く父親の代わりに、おじいちゃん、おばあちゃんに可愛がられ、育てられた。川上もまた、祖父と祖母が大好きだった。

地元の高校を出た後、上京する。実家を継ぐため下北沢の理容店に修業に入ったのである。そこは父親の先輩が経営していた店で、彼は2年間、雑用及びシャンプーの仕方を習った。だが、髪の毛を切らせてもらうには至らなかった。

理容店を継ごうと思って頑張ってはみたのだが、わかったことは自分には合わないこと。

「父親には悪いけれど理容師にはなれない」

そうして、店をやめてしまう。父親は心配したけれど、彼は実家になかなか戻ることができなかった。しかし、祖父が亡くなった。葬儀に出ないわけにはいかない。そうして、やっと戻ることにした。

おばあちゃんは言った。

「敦《あつ》ちゃん、あんた、床屋さんは継がなくていいから、うちにいな。いつまでもうちにいればいいんだ」

彼は思い出す。

「自分には床屋の仕事は向いていないと思った。それに、20歳そこそこでしょう、仕事よりもとにかく遊びたくて仕方なかった」

下呂温泉に戻ったが、実家を手伝うことはせず、近所の塗装店の見習い社員になった。冬になると下呂温泉には雪が積もる。トタン屋根に長く雪を載せておくと錆びてしまうから、錆止め塗装が必要だ。雪が降る地方の塗装店は毎年、夏から秋にかけては眠る間もないくらい忙しいのである。ただし、忙しい分、給料も悪くなかった。

朝から晩まで、錆止め塗装に従事していた頃の愉しみといえば、仕事の合間に飲むコーヒーだった。焙煎したコーヒーではない。自動販売機で売っている甘くてぬるい缶コーヒーが彼の定番飲料だったのである。

塗装店の仕事は続かなかった。下呂温泉にいれば周囲はやさしく接してくれる。しかし、塗装店の仕事を一生、続けていく気にはなれなかった。それもあって、彼はおばあちゃんに話をした。

「やっぱり外の世界へ出ていきたい。夢になるものに出合いたい」

体調がすぐれなかったおばあちゃんはかすれた声で「いいよ。出ていきなさい」と答えた。

「敦ちゃん、私はもう長くないから、気にせんでいいよ。無理に下呂にいることはないんだ。外に出ていきなさい」

川上はふたたび実家を離れ、今度は名古屋に出てきた。おばあちゃんは実家で彼のことを心配しながら、その後も寝たり起きたりを繰り返した。

コーヒーとの出合い

名古屋で彼が見つけたのは美杉《みすぎ》コーヒーというコーヒー豆を卸売りする店の仕事だった。

配達と営業が彼の担当である。美杉コーヒーは斯界では知られる会社だった。社長で焙煎士の田中仁は炭火焙煎のエキスパートで、美杉コーヒーの商品はすべて田中がローストしたもの。従業員を焙煎機の前に立たせることのない、頑固一徹の人間だった。

川上が毎日やることは取引先の喫茶店にコーヒー豆を配達し、注文を取ってくること。新規の顧客開拓も行ったのだが、焙煎するのは田中ひとりしかいないから、注文が取れたとしても、取引先の数を増やすには限度があったのである。

美杉コーヒーに入った時、川上は生まれて初めてドリップして淹れたコーヒーを飲んだ。ほんとうは缶コーヒーでよかったのだけれど、コーヒー屋の営業マンが缶コーヒーを飲んでいるところを見られるわけにもいかない。その時、川上は社長が淹れてくれたコーヒーをストレートで飲んだ。砂糖を入れずにコーヒーを飲んだのも生まれて初めて。だが、なぜか甘く感じた。そして、自分でもびっくりしたのだけれど、飲み干した後、もう1杯、欲しくなったのである。

社長は黙って2杯目を淹れてくれた。

2杯目を味わって飲んだ川上は感心した。

「1杯目とまったく同じ味だ。おいしいコーヒーっていうのは、いつも同じ味がするものなんじゃないか」

以後、彼は缶コーヒーを飲まなくなった。いや、他人が淹れたコーヒーも飲まない。初めて炭火焙煎のコーヒーに出合った日から現在まで、川上が愛飲するのは、美杉コーヒーの社長、そして、自分が焙煎したコーヒーだけだ。

むろん、仕事の打ち合わせなどで、喫茶店やカフェに入り、店の人が焙煎したコーヒーを飲む機会もある。だが、ほんの少しだけ口をつけるだけにしている。それは、つねに同じ味を保ち、何杯も飲めて、冷めてもおいしいのは、自分のコーヒーだけと信じているからだ。

炭火焙煎を学ぶ

美杉コーヒーに入社して5年が経った。配達と営業にも慣れ、結婚して家庭を持った。子どもも生まれ、充実した人生が続く。

だが、好事魔多し。

突然、倒産した。傘下の会社名義で名古屋の中心地にカフェを出店したが、それがうまくいかず、行き詰まってしまう。美杉コーヒーはカフェがつぶれた余波で連鎖的に倒産したのだった。

会社がなくなり、自らも無職になった時、川上は社長に頭を下げて頼んだ。

「どうか炭火で焙煎する方法を教えてください」

生活する金は近所の喫茶店でアルバイトをして稼ぐことにした。彼の焙煎修業が始まった。

だが、焙煎の師匠となった田中は手取り足取り教えるわけではなかった。そばに立ち、川上が炭火を熾し、豆を入れて焙煎する様子を眺めるだけだ。川上は自ら焙煎したコーヒー豆をドリップしてカップに注ぐ。師匠の前にカップを置く。師匠は香りをかぐ。一口も飲まず、感想も言うこともなく、そのままキッチンのシンクに持っていって捨ててしまう。飲まずにただ捨てるだけ……。その繰り返しだった。

最初のうち、師匠は一口も飲もうとしなかった。香りがコーヒーの命だ。香りがないコーヒーは焙煎の失敗だ。師匠は無言でそれを伝えたのだった。

悔しくて、川上は心のなかでは師匠を「クソじじい」と罵った。だが、態度に表すわけにはいかない。どうしても、焙煎を教えてもらわなくてはならない。そうでなければ生きていけない。師匠が飲んでくれるまでの我慢比べだと思った。

豆は川上が自分の金で買ったものだ。金がなかったから、毎日、焙煎するほど大量には買えない。すると、苦境を見ていたコーヒー豆の輸入業者が代金を現金払いでなく、ツケにしてくれた。そして、催促は一切、なかった。

配達で親しくなっていた喫茶店のおじさん、おばさんも応援してくれた。

「川上さん、美杉コーヒーでなくていいから、おいしいコーヒー豆を持ってきて」

師匠の社長に教えてもらったレシピを委託焙煎会社に持っていき、焙煎してもらい、できたコーヒー豆を喫茶店に卸した。

川上自身は師匠が合格と言ってくれるまで自分で焙煎したコーヒーを売らないと決めていたのだった。

輸入会社、喫茶店の主人たちの厚意で、彼の修業生活は続いた。

彼は懸命に働いた。妻と子どもの生活費を取り分けて、あとはコーヒー豆を買っては焙煎して、師匠に飲んでもらった。

それはいつ終わるともしれず続いた。炭火焙煎でなく、ガスか電気で焙煎するのであれば修業はしなくともいい。修業の大半は炭火を用いて火力を調節することだ。それには反復するしかない。彼は節約してコーヒー豆を買い、焙煎を続けた。金が続く限り、できるところまでやってみようと思った。妻も子どもも黙って応援してくれた。最低の生活を続けながら、高価な豆を買って焙煎する。それでも師匠は飲んでくれない。彼が力尽きるか、それとも師匠がOKを出すか。我慢比べのような修業生活だった。

修業の終わり

炭火焙煎を始めて2年が過ぎたある日のこと、修業している彼を取材したいと地元のテレビのクルーがやってきて、カメラを回し始めた。川上は窯に火を入れ、焙煎機にスイッチを入れた。できあがった一杯目をカップに入れて、いつものように師匠に渡した。テレビカメラが回っていたこともあって師匠は香りをかいだ後、コーヒーに口をつけた。一口ではなく、師匠は飲み干すと、ぽつりと呟いた。

「うん。これなのか。これが川上くんが求めた味なんだな」

一応、合格点だったのである。だが、師匠はまだまだ足りないとも示唆した。

それでも彼は嬉しかった。少なくとも少しは認めてもらえたのだから。

師匠が認めてから、彼は喫茶店のアルバイトをやめた。そして、自分で焙煎した豆を配達していた喫茶店に持っていき、「私が焙煎したコーヒーです」と言った。

「あんた、よかったじゃない」

「イーグル」という喫茶店のママはその場で「買うわ、私」と大量の注文を出してくれた。

ママは泣きながら川上の肩を叩いた。

「あんた、昔はピアスしてうちに配達に来たでしょ。私、あの時、あんたを叱ったけれど、今はよくやったと思ってる。よくやったね。辛抱したね。炭火で焙煎するのをやめたらいかんよ」

それから16年、彼は自分で焙煎したコーヒーを販売して生活している。

毎日のスケジュールは判で押したように決まっている。

起きたらカフェ「ポケットファクトリー」に出勤する。師匠から譲ってもらい改装した焙煎機で仕事をする。焙煎が終わったら、事務作業、発送作業だ。カフェでは焙煎した豆をブレンドして客に出す。手伝っているのは鎌田広太と市山成美。3人だけの会社だ。

楽しさをもたらすコーヒー

場面は彼の店、ポケットファクトリーに戻る。

豆の焙煎が終わり間近になると、彼は耳を澄ませる。ドラムナイスで回転する豆が爆ぜる音を聞き取ろうとするのである。焙煎では豆の色も見るけれど、音を聞くのも大事だ。仕上がりは豆が爆ぜる音で判断する。彼は余計な音を立てないよう、火元の窯のふたを開け、炭を並べなおす。ひたすら沈黙し、音を立てずに動く。慎重で臆病で、用心深い人でなければできない。

人が飲むコーヒーの味は焙煎だけで決まるわけではない。

焙煎のほか、ブレンド、挽く、ドリップという三つの工程がある。それぞれに重要なのである。

川上は焙煎する前の生豆の状態でブレンドを行う。通常、ブレンドは3種類から多くても5種類までが一般的だが、川上は8種類から10種類の豆をブレンドする。8種類を混ぜて、味の個性を引き出すのは簡単ではない。しかし、炭火で焙煎すると豆の個性、香りが際立つからそれぞれの豆のキャラクターを大切にしながらブレンドすることができる。

彼は言う。

「豆を見極め、焙煎を工夫すれば、何十種類の豆でもブレンドすることはできます。そして、僕は欠損した豆を取り除くハンドピックはしません。そういう豆を使って、焙煎して雑味のない味わいに仕上げることも技術なんです」

焙煎した豆をじっくりとチェック

ブレンドして焙煎した後は豆を挽く。

彼のカフェでは専用の大型コーヒーミルを使う。手で挽くコーヒーミルでは粒を均質にすることが難しい。そこで挽く時は機械を使う。

そして、ドリップ。

ドリップのやり方は特別、変わったことをするわけではない。器具も一般的。見ていると、重要だなと思える部分は「蒸らし」と、最初と最後の抽出液（コーヒー）を捨てること。まず、コーヒーに少量の湯を含ませる。そのまま蒸らしてコーヒーの粉を膨らます。それから湯を注ぎ、最初に出てきたコーヒーは惜しげもなく捨てる。とはいっても大量に捨てるわけではない。スプーン一杯分くらいの量だ。同じように最後の方の抽出液もサーバーに入れずに捨ててしまう。どちらも雑味が含まれるからだ。

そして、彼のドリップの動作は神経質な動きではない。流れるように軽快に行う。ドリップは客に飲んでもらうためのサービスだ。重々しくやったり、「静かに」とか言って客を威嚇する人もいないわけではない。しかし、コーヒーを客に提供するのは楽しんでもらうためだ。客がコーヒーに求めているのはおいしさだけではなく、やすらぎ、楽しさでもある。川上は苦労人だから、その点もぬかりなく理解している。

彼はこう言っている。

「コーヒーの発見は山火事だという説があるんです。昔、エチオピアで山火事があって自生していたコーヒーの木が焼けた。鎮火した山へ行くと、何ともいえない良い香りがあたりを満たしていて、ふと見ると、足元に豆が大量に落ちていた。それがコーヒー豆だったという。

何が言いたいかといえば、つまり、コーヒー焙煎の始まりはガスではないんです。ガスが普及する前まで、コーヒーはずっと木か炭の火で焙煎されていました。ですから、その方法でやることが当たり前だと思っています。そして、僕の場合、師匠が炭火でやっていたから、自分もそういうものだと思った。ガス焙煎を知らなかった。師匠がガスでやっていたら、僕もそれでやってますよ、たぶん」

第5章

純ちゃんの「ミニスカ床屋」

ニュー東京

小山純子

(東京都千代田区)

お姉様方がいる床屋

「野地さん、床屋さんを探してるんだって。それならニュー東京しかない。小山純子さんに電話しておくから、すぐ行きなさい」

Jリーグの創設者でサッカー界のマエストロ、川淵（三郎）キャプテンがそう言った。コロナ禍になる前のことである。

わたしは川淵キャプテンに対しては、ネバー・セイ・ノーだ。「ニュー東京へ行け」と言われてから2時間以内に同店へ電話を入れて、理髪の予約を入れた。以来、4年間、毎月、その店で髪の毛を切っている。

紹介された、あの時、川淵キャプテンは確かこう付け加えた。

「あの床屋さん、美人ばっかりだよ。しかも僕が通い始めた頃は真っ赤なミニスカートをはいていて……。丸の内のビジネスマンが行列する店だったんだ」

ニュー東京は有楽町駅前の新国際ビルにある。三菱地所が所有する由緒正しいオフィスビルだ。同店に行くのは予約がいる。行列があるわけではないが、開店以来、56年間、客が途切れたことはない。それはオーナーの純ちゃんこと、小山純子の采配がよく、働く理容師が全員、サービスの達人だからだ。

理容店は減った

髪結い、散髪屋、床屋、理髪店といくつか名称を持つ理容店は、かつて商店街にはなくてはならない存在だった。現在、60代の後半以上の紳士や、あるいは淑女は小学校の頃、近所の床屋さんでカットしてもらった経験があるはず。それは、昭和の中頃まで小学生、あるいは中学生でも男女の区別なく誰もが理容店でカットしていたからだ。大人の女性でも顔や襟足を剃ってもらうために理容店を使っている人は少なくなかった。美容院は髪の毛をカット、ブロー、パーマをかけるところで、カミソリを使った仕事は理容師しかできなかったこともある。現在でも、美容師ができるのは化粧に付随した軽い程度の顔剃りまでだ。

昭和の後期、大阪万博が開かれた1970年、町の理容店の料金は500円が標準だった。

わたしは世田谷区に住む中学校1年生だった。「はい、これ」と母親から渡された岩倉具視が印刷された500円札（注：500円硬貨の発行は1982年）を持って青と赤のサインボールが回る床屋さんへ行く。すると、おじさんの理容師がバリカンで坊主頭にしようとするので、泣いて抗議して、スポーツ刈りにしてもらった。

高校生になると私服だったこともあり、好きなように髪型を変えた。最終学年になってからチリチリのアイロンパーマにして、アロハシャツにプカシェルを首に巻いて登校したら、母親に泣かれた。大学生ともなると美容室だ。その後、高倉健さんから勧められた品川のバーバーショップ佐藤へ行き、今は川淵キャプテンが推奨するニュー東京。また、今でもたまに格安の1000円カット店も使うことがある。これが昭和生まれのおじさんの理容店の利用遍歴である。

さて、2021年の数字になるが、全国の理容店の数は11万4403軒。1980年代から減り続けている。一方、美容室は増えている。理容店よりも多い26万4223軒で、過去最高の軒数になっている（令和3年度 衛生行政報告より）。

理容店が減少している理由は、従事する理容師の高齢化による廃業が多い。男性が美容室でヘアカットするのが普通になったことも影響している。そして、注目すべきは理容室の店舗数のなかには「1000円カット」と呼ばれる短時間に安価でヘアカットをするチェーン店が含まれていることだ。それを勘定に入れると商店街にある町の床屋さんは数字以上に少なくなっている。

今、個人が経営する理容店は「あと何年、続けることができるのか」とあきらめの境地で経営しているのではないか。

ただ、そういった状況下でも、奮闘し、老若の客を集めているのが、有楽町のニュー東京なのである。

熊本市内の理容店で修業

ニュー東京のオーナーは純ちゃん、小山純子だ。丸顔で、ころころ笑う人である。

敗戦の年、1945年に満州のチチハルで生まれた。父親は戦場に行ったまま行方が知れず、純ちゃんは母親とふたりで祖母が暮らす熊本県玉名市に引き揚げてきた。

彼女は思い出す。

「私は父親の顔を見ていないんです。戦争に行ったままだと聞いただけで……。熊本の田舎では、母が床屋さんをやってました。名前は小山理容店です。母は満州でも床屋をやっていて、引き揚げてきてからも続けたと言ってました。物心ついた時は、ばあちゃんと母と3人暮らし。うちが床屋さんだったから、私は幼い頃から床屋になるもんだと思ってましたね。

子どもの頃、床屋の料金は確か100円くらいでした。それでも母親のエプロンのポケットにはいつも札束が入ってましたよ。1000円札じゃありません。茶色い100円札です。いつもポケットが膨らんでました」

ちなみに、1950年代、理髪料金は100円で、60年代になっても150円、70年代になると500円から1000円と値上がりしている。

地元の中学校を出た純ちゃんは1年間、南熊本駅の近くにあった熊本理容美容専門学校に通った。自宅から肥後熊本駅まで自転車を利用し、そこから鹿児島本線・豊肥本線で南熊本駅へ。高校へは進学せず、理容の道一本で生きていくことを選んだのである。専門学校を出た後は親元を離れ、熊本市内にある山本理容美容店に修業に入った。

「就職した」ではない。「修業に入った」である。

一生、山本理容美容店に勤めることが前提ではなく、手に職を付けたら独立するのがその頃の理容師の一般的な考え方だった。つまり、職人の道だ。修業だから給料は高くなかった。また、雇用者のプライベートな用事も引き受ける住み込みの修業生活だった。

「はい、一人前になるまでは先生の自宅に住み込んで、家族のみなさんの下着を洗うことも仕事でした。先生というのは経営者や先輩の技術者のことです。床屋の世界では、昔、理容師同士も先生って呼んでましたね。掃除から洗濯までやっていたけれど、すごく可愛がってもらいました」

山本理容美容店は熊本市内の繁華街にあり、十数人の従業員が働く大きな店だった。純ちゃんは入店したからといって、すぐにハサミを持つことができたわけではなかった。新人の間、やることといえば掃除、そして先輩がバリカンで刈った後の処理である。刈り残した襟足の毛をカミソリで剃ることが修業の第一歩だった。

襟足の処理が認められたら、次はシャンプー。シャンプーの腕が認められたら、次は顔剃り。そうして襟足、シャンプー、顔剃りのすべてを経験してから、やっとハサミを持って髪の毛を切ることができる。ハサミを持つまでが2年、一人前の理容師になるには入店してから4年というのが当時の標準といえる。それが今では理容学校を出たら、1年も経たないうちにヘアカットをまかされる。やる気のある人間は学校で学ぶだけでなく、うちに帰ってからもYouTubeを見て、コツを学んでいるので、職人修業はごく短くなった。

純ちゃんが現場で覚えたのは「打ち粉」の使い方だった。昭和から存続している理容店ではカットした後、髪の毛全体に天瓜粉《てんかふん》（タルカムパウダー）をはたく。もし、刈り上げ面がでこぼこになっていればすぐにわかる。毛が飛び出していても白い粉が目を引く。打ち粉を使えばヘアスタイルを入念にチェックすることができる。それが昭和の技術だ。むろん、ニュー東京の「先生」たちは打ち粉を使って刈り上げた頭を厳しく見る。

純ちゃん、家出する

1965年、熊本の理容店に働くようになってから5年が経った。技術を自分の手の内に収めた純ちゃんは「東京で働く」と決心した。東京は彼女の憧れだったのである。前年の1964年には東京オリンピックが開催されている。彼女はテレビを通して、東京の風景、東京で働く人たちを見た。満州と九州しか知らない純ちゃんは突如として東京へ行くことを決めたのだった。

問題というか乗り越えなくてはならなかったのは母親の反対だった。母親は修業を終えた純ちゃんが戻ってきて、一緒にハサミを持つのを楽しみに待っていた。親子ふたりで理容店をやっていくことが母親の望みだったのである。

仮に純ちゃんが「東京へ行きたい」と打ち明けたとする。

母親の答えは決まっている。「純子、東京、いきよっとは絶対、わからん（行くのはダメだ）」

純ちゃんは母親には黙って出奔することにした。ただし、「店にはきちんとご挨拶はしておこう……」。

彼女は世話になった店を退職し、身の回りのものだけをまとめて住み込んでいた家を出た。そのまま熊本駅から夜行急行「霧島」に乗る。霧島は寝台列車ではない。しかも、当時はまだ電化されておらず、蒸気機関車だった。煙を吐きだす汽車に揺られ、彼女は東京へ向かった。

24時間後、彼女は東京駅に着いた。向かった先は霞が関の大蔵省（現・財務省）ビルだ。大蔵省ビルのなかには厚生施設としての理容室があり、彼女は熊本の店の先輩から紹介してもらっていたのだった。

「そこは大蔵省に勤める人の髪の毛を切る施設でした。私は大臣を刈ったことはないけれど、ずいぶん偉い方たちの散髪をしたのを覚えています。女性の理容師が20人はいました。とても働きやすかったです。みなさん、ずいぶん可愛がってくれて……。私は施設の所長さんのご自宅に住まわせてもらったんですよ。杉浦さんという方で、奥様にもよくしていただきました。寝泊まりしていたのは四谷の一軒家。

でも、少ししたら熊本から母親が連れ戻しにやってきたんです。母は『警察に捜索願を出した』と言ってました。

帰ってきてくれと泣いて頼まれましたけれど、私は絶対に嫌だ、東京で頑張るんだと言い張った。

半日ほど、帰れ、帰らないとやりとりした後、母もようやく諦めて、『お前が東京で出世したら許してやる』って」

出世とはひとり立ちすること、つまり、店を持つことだ。母親は彼女に「自分の店を持つなら家出を許してやる」と言ったのである。

純ちゃんは懸命に働いたが、技術を向上させようというだけではなく、店を持つという明確な目標を頭に置いて仕事をした。

その時、彼女はまだ20歳だった。昭和の頃の20歳は大人だった。近頃の若い者よりはるかにしっかりしていた。

「ミニスカ床屋」誕生！

働き出して1年後、いつものように大蔵官僚の髪の毛を切っていたら、こんなことを言われた。

「キミ、独立したいんだろ。今度、有楽町の駅の横に三菱地所がビルを建てる。そこはどうだ」

親切な人で、三菱地所の担当者まで紹介してくれたのである。あれよあれよという間に話は決まり、純ちゃんは一国一城の主になった。それが理容店「ニュー東京」だ。

ニュー東京が入っている新国際ビルの竣工は1967年。国鉄（当時）山手線有楽町駅から徒歩1分の好立地である。三菱地所が21歳の女子理容師を信用したのは紹介者が大蔵官僚だったこと、そして、保証人に熊本県玉名市の大きな酒販店が立ってくれたからだった。

「お店をつくる時、先生（理容師）は女の子ばかりにしようと決めました。その頃の男の先生は賭け事やパチンコをする人が多かったし、怖かったから、女の子だけの店にしようと思ったんです。思えば、みなさんが親切にしてくださいました。ヘアクリーム、シャンプー、理容の椅子なんかは材料屋のおばちゃんが安くしてくれました。店を開いた後もお客様を紹介してくれました。みなさんのおかげで店が持てたから、絶対に繁盛させないといけないなと思いました」

純ちゃんは女子だけを雇った。実はそのことがニュー東京の大繁盛に結びついたのである。集めた女子従業員は当初、バラバラの服装でやってきた。理容店の白衣を着てきた人、上はブラウスだけれど下は白いズボン姿の人、遊びに行くような私服姿の人……。服装に統一感がなく、新しい店の一体感が感じられなかった。

彼女が思いついたのがユニフォームを作ることである。20歳から27歳の女子従業員20人全員に真っ赤なミニスカートをあつらえ、それを着用させたのである。ただし、彼女はオーナー兼理容師だから、ひざ下の長さのスカートにした。

「赤いプリーツのミニスカートが大当たりで、『週刊新潮』さんが取材に来て、それからテレビのお昼の番組『アフタヌーンショー』にも出たんです。川崎敬三さんが司会をしていた頃でした。とにかくお客さんが大勢やって来て、てんてこまい。20人の先生で14席の店でしたが、忙しくて、お昼のご飯を食べる時間がないんですよ。

朝、今と同じで午前8時過ぎから始めて、夜は10時頃までやったこともありました。いちばん儲かった時、一日で100万円になりました。ひとりで20人以上の頭を刈ったんじゃないかしら。あまりに忙しかったから、募集をするでしょう。すると、一日働いただけで辞めちゃう子もいたんです。それでも私にとっては、一日でも働いてくれただけで神様だと思いました」

週刊誌、テレビを見た客が大手町、丸の内、銀座界隈から押し寄せてきたから、純ちゃんも従業員も気を抜く暇もなかった。立ったまま食事を済ませて、順番を待っている客の調髪をすることもしばしばだった。それでも先生たちは一切、手を抜かなかった。客は敏感だ。適当にあしらわれたと思ったら、いくら美女がミニスカートをはいていたからといって我慢してまで通ってくることはなかったのである。

ただし、ミニスカート着用の威力は大きかった。客は美脚を眺めようというきっかけで来店するのだが、調髪の間の何げない会話でふと恋心を抱いてしまう。時代は１９７０年代である。景気は悪くない。仕事は忙しく、デートをする時間もままならない。何より、女子との出会いが少ない。ニュー東京の先生たちは丸の内近辺に勤める独身の男子ビジネスパーソンにとっては花嫁候補だったのである。初回はミニスカートの観賞にやってきた客も、二度目からは交際相手を探すことに目的を変えた。

純ちゃんとスタッフ一同（1981年）

髪の毛を切ってくれたり、優しくシャンプーやマッサージをしてもらったら、純情な独身男性は家庭生活でも同じことをやってもらえるのではないかという妄想を抱く。現実には誰と結婚しようとも、「夫にやさしくシャンプーやマッサージをする妻」は地球上にはひとりもいない。

それでも男子は一般に利口ではないから「ひょっとしたら」と無意識にバイアスをかけて考えてしまう。

何度も通ってくるようになった客はいつからか美脚の先生よりも、優しく微笑む先生を指名するようになる。そうして、食事に誘い、いつの間にかゴールイン。

ニュー東京の1970年代は出会いの場、お見合いの場にもなっていったのだった。ニュー東京で出会った、先生とお客さんのカップルは10組以上になる。

事業は拡大していき、やがて……

さて、開店早々から繁盛したニュー東京では、サービスの充実に力を入れた。理髪だけでなく、美顔、マニキュアといった紳士向け美容サービスを強化していったのである。

レブロン化粧品の美容部員に来てもらい、顔パックや爪の手入れの講習を受けた。サービスメニューを増やし、客ひとりあたりの単価を上げていく。純ちゃんは15歳から理容師として腕一本で生きてきたが、経営の才能もちゃんと持っていたのだった。

彼女がニュー東京の経営で行ったことは経営学者、ピーター・ドラッカーが説く「顧客の創造」だ。理容師にミニスカートをはかせて、美脚を愛する客を誘導した。次に結婚相手を探す純情な独身男性という顧客を創造した。最後に、調髪以外のサービスメニューを開発して新しい顧客を引き寄せた。ハーバード・ビジネス・スクールのケーススタディにしてもいいような実例がニュー東京の経営といえよう。

そして有楽町のニュー東京を盤石にした後、彼女は新天地を目指した。

「以前、新国際ビルには住友銀行の支店が入っていたんです。住友銀行の支店長さんは私が担当していました。ある時、『小山さん、新宿に住友ビルが建つから、そこで床屋さんをやったらいいいんじゃないか』って。

そんなのお金がないからダメですよと言ったら、『お金は貸してあげるよ』って。

えっ、本当？って聞いたら、ちゃんと保証人なしで貸してくれたんです。ただし、競争相手が53軒ありました」

新宿西口に住友ビルが竣工したのは1974年だ。彼女は29歳。まだ独身だった頃のことだ。入居するためには53軒のライバルを蹴落とさなくてはならない。純ちゃんは住友ビルの管理事務所にお百度を踏み、腰を折り曲げて頭を下げたが、はかばかしい返事は返ってこなかった。

どうしようかしらと考えていた彼女に福音をもたらしたのは、またしても客だった。大手航空会社の幹部が「何か悩み事があるのか?」と訊ねてきたから、「実は新しい店のことなんです。どなたか住友不動産の幹部をご存じありませんか?」と言ってしまった。すると、大手航空会社の幹部は「なんだ。それならオレが知り合いに頼んでみるよ」とひと言。

知り合いとは当時の総理大臣だった。

大手航空会社幹部のはからいで、純ちゃんは総理大臣の筆頭秘書に会いに行った。秘書は純ちゃんに「本当に店をやりたいんですね」と確認した。

「はい」と答え、「お金は用意しました。私は一生懸命、お客様の頭を刈るだけです。それしかできません」とつっかえながら懸命に話した。

話を聞いた秘書は住友ビルを管理している会社の社長に手紙を出した。果たしてそれが功を奏したのか、それとも有楽町のニュー東京の評判が後押しになったのか。

純ちゃんは無事に2店舗目を新宿住友ビル内にオープンすることができたのである。

「1000円カットの床屋」とコロナ禍

2店舗の社長兼理容師となった純ちゃんは働いた。朝8時には有楽町のニュー東京に出勤し、時には新宿の店も見回る。新国際ビルの地下に入っていた料理店と喫茶店が撤退したので、引き継いで、熊本料理店「あづま」を出した。喫茶店も併せて経営することにした。社長業が忙しくなったこともあって、理容師こそ引退せざるを得なくなったが、空いた時間はニュー東京の掃除をやり、あづまでは皿洗いをやった。

毎日、午後10時まで働いて、働いて、働いた。働きづめの職業人生である。

順調だった社業に変化が訪れたのは1990年代の中頃からだ。

1995年、千代田区神田美土代町に1000円カットのチェーン「QBハウス」の1号店がオープンする。1000円札1枚でヘアカットをする店で、洗髪、マニキュアなどはやらない。カットにかかる時間はおよそ10分。いわゆる「1000円カットの床屋」である。以後、1000円カット店は瞬く間に全国に進出していく。こうした店には男性だけでなく、女子もまた利用することで客数を増やし、利益を上げた。こちらもまたドラッカーが説く「顧客の創造」を実践した業態だ。調髪それ自体ではなく、安さと時間を前面に出した新業態である。

純ちゃんは「大きな影響を受けた。特に若いお客さんを取られた」とは思ったが、ニュー東京にも生き残る術はあると信じている。

「うちみたいな床屋さんの景気が悪くなったのは1000円床屋さんが出てきた後でした。でも、1000円床屋さんだって儲けを続けるのは大変だと思います。だって、バリカンを入れて、ガーッと刈り上げて、掃除機で髪の毛を吸い取る……。それで10人の頭を刈って1万円でしょう。郊外ならできるかもしれませんが、うちみたいに高い家賃を払う場所ではとても同じことはやれません。その証拠に有楽町の駅前にも1000円床屋さんが一軒ありましたけれど、もう辞められましたね。地価の高いところでは難しいと思います。

うちの料金は3400円です。頭を刈って顔を剃ってシャンプーして、その値段。この辺のお店だと4800円とか5000円じゃないかしら。有楽町では安いです。

コロナ禍ではほんとにお客さんが減りました。1日に6人しか来なかった日もありました。おかげさまで今はもう戻りましたよ。昔からのお客さんに加えて、若い方もいらっしゃるようになったんです。ほら、あれ、グーグルって言うんでしょう？　あのクチコミでね、褒めていただいていて、星5つですよ。

『料金が安くて、年を重ねたやさしいお姉様方が癒やしてくれる』。そんな、ありがたいコメントがあるそうです。

うちは近所に比べると安いから若い方もいらっしゃることができる。私はね、先生方にはひとりあたり3万円は売り上げないとダメよって言ってるんです。そうですね、ひとりの先生が8人から9人をサービスするとそれくらいになるんです。それくらいの売り上げがないと、とてもお家賃を払っていくことはできません」

昭和の床屋のサービス

理容店のサービスとはなんだろうか。

むろん、ヘアカットの技術がいちばんだ。ヘアカットが下手な店には誰も行かない。

純ちゃんは言う。

「バリカンを入れますよね。それで、髪の毛に段ができないようにカットする。それが基本の技術です。遠くから見て髪の毛に段ができたようなカットでは昔はさんざん怒られたものです」

では、髭剃り、爪の手入れ、シャンプーといった付属技術はどうなのだろうか。うまい下手はどこに表れてくるのだろうか。

「髭剃りでもシャンプーの仕方でも、やっぱり上手下手はありますよね。でも、髪の毛と違い、傍から見ていてわかるものじゃありません。上手下手はお客様に聞いてみるしかないんです。髭剃り、シャンプー、マニキュア、マッサージはお客様の判断なんです」

理容店のサービスとはつまり、これだ。ヘアカット以外は客が判定する。客がいいといったものが上質なサービスだ。技術者同士が評価したものでもないし、コンテストで優勝したからいいわけではない。

「客の要望を採り入れる。それでいて客に要望と現実との違いを上手に理解させる」

サービスの本質とはこれだ。

客の頭は理容師の「作品」ではない。理容師が自らの技術を誇示して、思うがままにへアスタイルを整えることは創作行為で、上質なサービスではない。

だからといって客が言った通り、忠実に髪の毛を切ればいいわけでもない。

客は「どういったヘアスタイルが自分に似合うのか」をわかっているわけではない。

「どんな髪型にしますか？」

そう聞かれて、「短髪のツーブロック」「ソフトモヒカン」「スポーツ刈り」「パンチパーマ」と答える人はまったくの少数だろう。

大半の人は「伸びた分を切ってください」と言う。

普通は「適当でいい」「みんなと同じ」がいいのである。

理容師のサービスはここから始まる。

「夏ですから、短めにしませんか？」

客の質問を受け、上手に誘導しながら、客が気に入る髪型を提案し、それに仕上げていく。

客は理容師が提案して初めて、自分の髪形にちゃんと向き合うのである。いい理容師はコンサルタントみたいなものだ。客と一緒に似合う髪型を見つけるのが仕事だから。

純ちゃんはコンサルタントだ。ニュー東京の先生たちもそうだ。4年近く、同店で髪の毛を切りながら、わたしは観察してきた。そのわたしが言うのだから間違いはない。

ニュー東京には若い客が増えてきたとはいえ、主流は年配の客である。それも川淵キャプテンのように50年近く通っている顧客たちだ。

それほど長く通っている客に対しても、彼女たちは「どうしますか？　ちょっと長めにしてみませんか？」と毎回、提案をする。提案して、そして答えを引き出していく。

なかには、ほぼ毛髪というものが存在しない顧客だっている。毛髪の少ない客に対しても、「サイドを長めにしませんか？」と提案する。てっぺんは少なくとも、サイドには毛髪が存在しているパーセンテージが高いからである。

客は髪の毛を切ってもらうだけでは満足しない。小一時間の間、話を聞いてもらいたいし、世話を焼いてもらいたい。そして、毛髪がなくても「あら、カッコよくなりましたね」と言ってもらいたい。

ニュー東京にあるのはそういうサービスだ。

純ちゃん（わたしは小山さんと呼ぶけど）に聞いたことがある。

「床屋さんって儲かるんですか？」

彼女は断言した。

「昔は儲かりました。今はダメ。昔、景気がいい時、うちは3年に一度は内装を変えてましたよ。ユニフォームも毎年、変えてました。ミニスカートはもうずいぶん前にやめたんですけどね」

「1000円床屋」の隆盛におびえたこともある。コロナ禍で絶望に近い想いを味わったこともある。

純ちゃんの私生活は決して順風満帆ではなかったが、今では良き夫、子ども、孫がいる。先生方は6人もいる。川淵キャプテンを始めとする純情な客たちがいる。人に恵まれている。

それが幸せってもんじゃないだろうか。

「はい、そう思います。うちには丸の内の会社を退職した後も、他県からいらっしゃる方、多いんです。奥さんとか娘さんが付き添いでいらして『もう絶対、他の店には行きたくない』っておっしゃる。

うちがいいのもあるでしょうけど、やっぱりみなさん、丸の内にお勤めしてたことに恋しさがあるんでしょうね」

なるほど。

「オレは丸の内で働いてたんだ。丸の内以外の床屋なんかに死んでも行くもんか。そういうことですね」とわたし。

純ちゃんは「はい」と言って腕を組んだ。

「たぶん、そういうことだと思いますね」

第6章

モジリアニの絵に似たアプリデザイナー

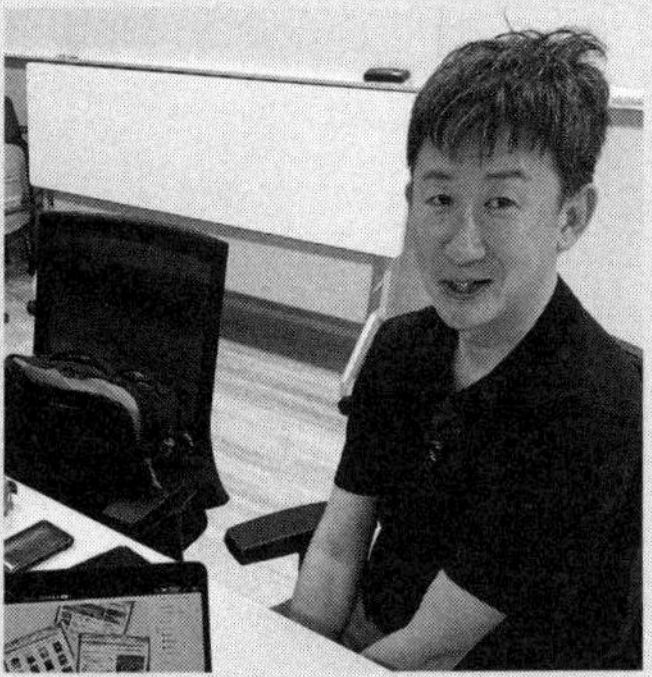

くふうカンパニー執行役

池田拓司

（東京都港区）

新しい仕事の誕生

池田拓司の仕事はｉＰｈｏｎｅが世に出る２００７年までは存在していなかった。しかし、現在、この仕事に就いている人数はかなりの数になる。

職業名はアプリデザイナー。

スマホの画面にあるアイコン、タップした後に出てくるホーム画面、さらにスクロールした画面などをデザインする仕事だ。

アプリデザイナーの数自体についての統計はない。しかし、日本のＩＴエンジニアの数は約１１６万人（２０２１年『ＩＴ人材白書２０２２』情報処理推進機構）。アプリデザイナーはＩＴエンジニアよりは少ないだろう。しかし、３分の１はいるのではないか。なんといってもスマホアプリはエンジニア、デザイナーにとって主戦場といえるプラットフォームなのだから。

つまり、池田たちアプリデザイナーは時代の最先端ではなく、主流に位置するサービスパーソンだ。

池田は現在、くふうカンパニーという上場企業で執行役をしながらアプリデザインをやっている。同社は生活を便利にするさまざまなサイトを展開しているITサービス企業だ。代表は「日本最強の投資家兼経営者」（ホリエモン談）、穐田誉輝《あきたよしてる》。穐田はカカクコムを上場させ、食べログを創始し、クックパッドを成長させた目利きである。普通の会社ではデザイナーを執行役にすることはまずない。しかし、穐田は目利きだから池田を役員にした。

わたしは穐田に聞いてみた。

「池田さんて、どんな人なんですか？」

すると、穐田はじっと考える風情になった。そして、わたしの目を見て、きっぱりと言った。

「池田さんは、モジリアニの絵に似てます」

モジリアニとはイタリア人画家、アメデオ・モディリアーニ（1884〜1920）だ。肖像画で知られる画家でファンは多い。

わたしは「池田さんは誰に似てますか？」と質問したわけではない。だが、穐田はそう答えた。答えが面白かったこともあって、すぐに会いに行った。

そして、池田の顔を見たとたん、「ほんとだ。モジリアニの絵に似てる。着ている服までモジリアニ調だ」と思った。

モディリアーニの肖像画に描かれた人物は単純化されている。面長で、瞳がアーモンド形で、しかも伏し目がちだ。着ている服は地味。池田はまったくその通りの人物だったから、わたしは非常に愉快な気分になった。伏し目がちな人は善良だから（私の意見）。

穐田の話に戻る。彼はちゃんとした答えも教えてくれた。

「池田さんはとっても優秀です。彼が作ったアプリ、美しいとかではなく、とにかく使いやすい。アプリはピクトグラムみたいなもので機能性を問われます。池田さんが手を入れると別物になって、とっても使いやすくなるんですよ」

アプリデザイナーとは？

「デザイナーって何？」と生成ＡＩに聞いたら、2秒も経たずに、こう答えてきた。

「視覚領域において意匠計画や図案、設計を手掛ける人のことです」

デザイナーといえば、グラフィックデザイナー、ファッションデザイナー、プロダクトデザイナーを始めとして、主に目で見る形や色、大きさなどを考える仕事だった。

一方、アプリデザイナーが考えるのはスマホ画面に出てくるアプリアイコンの形、色、大きさだけではない。視覚領域のほか、操作面もデザインするのが彼らの仕事だ。アイコンを指でタップした後、素早くホーム画面が出てくるのか、そして、スクロールした画面も使いやすくできているかが問われる。

アプリデザイナーの仕事は視覚領域よりも、むしろ使いやすさを追求しているかどうかだ。

たとえば、アプリのアイコンは通常、一度デザインしたら、それでおしまいである。青い地色のアイコンが翌日、赤に変わっていたら、ユーザーはびっくりする。

「ひょっとしたらパクりアイコンで、タップしたら情報を取られるんじゃないか」

そう考えてしまう。だから、アイコンのデザインを変更することは稀だ。

一方、アイコンをタップした後、出てくるホーム画面やスクロール画面は随時、アップデートされている。アプリデザイナーは情報のアップデートに合わせて画面デザインを微妙に変えていかなくてはならない。終わりのない仕事ともいえる。

郵便はがき

おそれいりますが
63円切手を
お貼りください。

1028641

東京都千代田区平河町2-16-1
平河町森タワー13階

プレジデント社

書籍編集部 行

フリガナ		生年（西暦）	
氏　　名		男・女	
住　　所	〒 TEL　（　　）		
メールアドレス			
職業または学校名			

ご記入いただいた個人情報につきましては、アンケート集計、事務連絡や弊社サービスに関
お知らせに利用させていただきます。法令に基づく場合を除き、ご本人の同意を得ることなく
利用または提供することはありません。個人情報の開示・訂正・削除等についてはお客様
窓口までお問い合わせください。以上にご同意の上、ご送付ください。
<お客様相談窓口>経営企画本部 TEL03-3237-3731
株式会社プレジデント社　個人情報保護管理者　経営企画本部長

この度はご購読ありがとうございます。アンケートにご協力ください。

本のタイトル

●ご購入のきっかけは何ですか?(○をお付けください。複数回答可)

1 タイトル　2 著者　3 内容・テーマ　4 帯のコピー
5 デザイン　6 人の勧め　7 インターネット
8 新聞・雑誌の広告（紙・誌名　　　　）
9 新聞・雑誌の書評や記事（紙・誌名　　　　）
10 その他(　　　　)

●本書を購入した書店をお教えください。

書店名／　　　　（所在地　　　　）

●本書のご感想やご意見をお聞かせください。

●最近面白かった本、あるいは座右の一冊があればお教えください。

今後お読みになりたいテーマや著者など、自由にお書きください。

どうもありがとうございました。

さて、ここまでがアプリデザイナーの基礎知識だ。あとはモジリアニの絵に似た男が斯界の第一人者になるまで、遷移（移り変わり）した人生をたどってみたい。

クックパッドに入社するまで

1978年、池田は北九州市で生まれた。父親は公務員。地元の小学校、中学校を出て地元の高校に進む。

どこにでもいる普通の高校生だった彼を変えたのはパソコンとインターネットだった。まず親に何度も頭を下げてパソコンを買ってもらった。そして、専用のソフトを使って、ダイヤルアップの電話回線でホストコンピューターに接続。すると、ホストコンピューターに接続しているユーザー同士は意見交換や情報を教えあうことができた。それがパソコン通信だ。インターネットが普及する以前に流行ったデータ通信である。

池田はそれにハマり、親に「あんた、何やってんの、電話代がもったいない」と怒られながら、会ったこともない岡山県在住のパソコン女子とテキストによる他愛もない会話を交わした。ひとりで勝手にドキドキしていたのだが、それは会ったことのない女子にときめいたのではなく、パソコン通信による電子コミュニケーションにエクスタシーを感じたのである。

原始人が山火事で火を知り、使い始めたようなものだ。それくらい彼にとってデータ通信は刺激的、革命的だったのである。

なんといっても、それより以前、遠距離にいる人と他愛もない意見や情報を交換しようと思ったら電話か手紙しかなかった。それに、そもそも会ったこともない人とは電話で他愛なく話すことはできない。

池田は正しい時代に、正しい場所にいて、正しい道具に興味を持った。高校時代にパソコン通信に興味を持ったからこそ、インターネット、スマホを体験してアプリデザイナーの第一人者になった。

大学は東京の多摩美術大学美術学部二部のデザイン学科プロダクトデザインコースに進んだ。彼は今、同大学の情報デザイン学科で講師を務めている。

卒業した後、入社したのはニフティ。いわゆるインターネットプロバイダである。総合職として入社し、スポーツ、占い、競馬といったコンテンツをリリースする時のパソコン画面のデザインを学んだ。主に紙に描いたデザインをモニター画面に移す作業だった。機能についてはエンジニアが主体的に担当していたのである。

池田は言う。

「あの頃、僕はまだコードが読めなかった。単純なデザインしかできなかったんです。ですから、自宅に帰ってからエンジニアの勉強を始めました。画面をデザインし、コーディングして、自分のホームページを作り、公開しました。今見ると、とんでもなく単純なものですけれど」

なお、コーディングとは「プログラミング言語など何らかのコンピューター言語の語彙や文法に従って、コンピューターが処理・解釈できるコード（code：符号）列を記述する作業のこと」（IT用語辞典）。

わたしは池田に実際にコーディングをやっているところを見せてもらった。作業自体は決して複雑でも難解でもない。忍耐力のいる地味な作業で、原稿を書いて本を作るのと似ている。

池田はコーディングについて「機能性の高いコードって、コード列が視覚的に整理されていて美しい」と言った。これは至言だ。そして、文章もまた視覚的に美しい行列が内容も面白い。

ニフティに3年勤めた後、池田は同期だったエンジニアに誘われて、「はてなブログ」で知られる「はてな」に転職した。

理由はニフティで管理職になってしまったからだ。彼自身はまだまだ現場でデザインしたかったのに、管理職としての指示業務ばかりになってしまった。現場にいたいために、辞めたのである。

ITベンチャーの世界は若い人がどんどん入ってくる。池田のように3年勤めただけの人間でもすぐに管理職にされてしまうのである。

転職にあたっては、「はてな」と別のもう1社とでどちらにするか迷った。もう1社の方は下請けの受託業務が中心になると思われた。下請けの場合、消耗し、疲弊する割には、自らの技術は向上しない。上達しないのだからキャリアにはならない。そこで「はてな」への転職を決め、「はてなブログ」に代表されるユーザー向けの情報サービスに携わることとなった。

仕事自体は面白かったが、彼がいたセクションのオフィスが京都に移ってしまったため、東京に暮らしていた池田は単身赴任になってしまった。愛する妻や子と会えないことにストレスを感じた彼は転職を決意する。次に選んだのは料理レシピのサイト、クックパッドだった。

スマホが急速に普及するなか、アプリデザイナーに

クックパッドが開設されたのは1998年。同サイトがもっとも活性化していた2016年2月には月間利用者数が6269万人となっていた。そして、今でも月間に5100万人は同サイトを利用している。

池田が入った2012年、同社を率いることになったのが穐田誉輝だった。池田は穐田のもとで抜擢され、ユーザーを伸ばし、アプリデザイナーとしてクックパッドで執行役になった。穐田はスマホアプリのデザインと機能を進化させていけばそれがユーザーの参加に結びつくと信じていた。一方、彼以外のITサービス経営者はアプリのデザインが果たす役割の大きさをそれほどは認識していないと思われる。

ユーザーを増やすには宣伝すること、広報すること、PRすることだとしか考えていな

い経営者は少なくない。しかし、いくらメディアやSNSで宣伝しても、使いにくいアプリを支持するユーザーはいない。

優秀なアプリデザイナーとエンジニアがいなければ、ITサービスは成長しないのである。

さて、池田が入社した2012年当時、穐田が代表になったことで、クックパッドは驀進した。ユーザーは伸び、レシピの投稿数は増え、業績は右肩上がりとなっていった。

クックパッドが広く利用されるようになる以前、主婦が台所で頼りにしたのは料理のレシピ本しかなかった。

テレビの料理番組を見て、手順や調味料の量をメモしたとしても、台所に立つと忘れてしまう。また、パソコンでレシピを検索することはできたけれど、台所のなかに持ち込むわけにはいかない。

クックパッドが爆発的に伸びたのは、同じ時期にスマホが普及したからだ。スマホなら台所の調理台に置くことができる。中華鍋を振りながら、スマホ画面をスクロールしていけば料理は完成する。料理のレシピ本もテレビの料理番組もパソコンのレシピ検索もスマホの便利さにはかなわなかった。

スマホの普及はアプリデザイナーの時代がやってきたことをIT業界に告げたのだった。

池田は言う。

「僕がクックパッドに入った2012年、ガラケーからスマートフォンに、あっという間に変わっていきました。目の前でそれを見ていたんです。そして、それからはスマホアプリだけをデザインするようになりました」

池田はiPhoneが売り出された時から、常に最新の機種を買ってきた。今でも購入したすべての機種を手放さないのは、研究のためであり、またユーザーの立場になるためだ。というのはスマホのユーザー全員が最新型を使っているわけではないことがある。たとえばiPhone14が最新機種だとしても、多くの人が使っているのはiPhone11もしくはiPhone12だ。そのため、アプリのデザインをする場合でも、

アプリデザインには各種スマホが欠かせない

古い型と最新機種の両方の操作に対応するものにしなくてはならない。

スマホはｉＰｈｏｎｅに限らず新しい機種が出るたびに画面のサイズが変わる。縦と横の比率が変わったり、画面が大きくなったりする。すると、画面が小さなｉＰｈｏｎｅには最適のデザインでも、画面が大きくなったら間が抜けて見えたりする。そこまで考えないといけないのである。そして、もちろん、アンドロイドの機種もすべてではないが、手元にある。池田の個人オフィスを訪ねると、段ボールのなかにｉＰｈｏｎｅとアンドロイドの機種が30近くもある。常時、使っているのは3台。アプリデザイナーはスマホ代がかかる。

アプリデザイナーの仕事

アプリデザイナーとして本格的な仕事をやるようになり、かつ執行役に抜擢されたのがクックパッド時代（２０１２〜２０１７）だ。そして、彼がやる「デザイン」とは具体的にはどういった作業になるのだろうか。

（ここからの文章は手元にスマホを見ながら読んだ方がわかりやすい）

まず、誰もが思い浮かべるのがアイコンという画面に並んでいるマークのデザインをすることだ。クックパッドの場合、オレンジの地色に白いコック帽がある。このアイコンは以前から会社のコーポレートマークとして使っていた。ただし、コック帽は丸い線でかこまれていたので、池田はその線を取ってコック帽を浮き立たせた。それだけだ。

「コック帽をクックパッドの象徴として大きく扱おうと決めたんです。アイコンって小さいでしょう。複雑なデザインはユーザーに認知されない。単純でなくてはならないんです。アイコンは地色と最小限の形でパッとわかるものにしました。

もうひとつ注意すべきなのは周囲にあるアイコンとの組み合わせを想像することです。たいていのユーザーは同じような種類のアイコンを横に並べます。たとえばＡＮＡとＪＡＬのアイコンが隣り合わせになっている人は多いです。ＡＮＡは青でＪＡＬは赤。これだけで区別がつきます。ふたつとも地色が青だったら、ユーザーは混乱しますよね。だから、ライバル企業のアイコンとは地色は変えた方がいい。

ただし、必ずしもそうとはいえない場合もあります。クックパッドは料理、食べ物のサイトです。オレンジにしたのは食べ物を扱う企業のアイコンって暖色系が多いんですよ。

ですから、食べ物のアプリには地色がオレンジのところがいくつもあります。すると、地色が似通って、画面上では並んでしまう。そうなると形で違いを主張しなければならない。頭のなかでライバル企業のアイコンを意識して、デザインしていかなくてはならないんです」

池田がデザインを考える時、パソコンの前に座って、そして、スマホをいじる。他人が見たら、仕事の傍ら遊んでいるように見える。しかし、彼自身は苦しみながら考えている。パソコンの前で「うつむき加減、伏し目がち」が仕事の姿勢だ。そこがモジリアニの肖像画に似ている。クックパッド時代から上司として池田を見ている稙田はそこも含めて「モジリアニの絵に似ている」と言ったのだろう。

ファーストビューが大事

アイコンの次にデザインするのがタップして出てくる画面だ。
池田は「ファーストビューが大事」と断言する。

「最初の画面に何の情報が入るかが、すごく大事なんです。パソコンでスマホ画面の色、形、操作性をデザインするのですけれど、パソコン画面で作ったものがスマホ画面だとファーストビューに入らず、スクロールしなくちゃならないケースがあります。要は画面に情報を詰め込みすぎて、実際のスマホに移してみたら、次画面にいってしまったという。わかっている人はそんなことはしませんが、アプリデザイナーの初心者には意外に多いミスです」

どれでもいいけれど、アイコンをタップして出てくる画面には同じマークがある。画面の下の左端にはホーム画面を示す家のマークがある。また、虫眼鏡は検索を示すマークだ。

こうした定番のマークはアップルが決めた「ヒューマン・インターフェース・ガイドライン」に沿ったもの。アプリデザインの最低限のルールである。アプリデザイナーはこのルールに従ってデザインする。ホーム画面の家のマークを勝手に変えたり、検索を示す虫眼鏡を他のマークに変更したりしてはいけない。つまり、アプリデザイナーの仕事は約束事が多く、自由に造形を考えているわけではない。

そして、池田の話を聞いていると、色、形を考えるのではなく、機能と操作性に知恵を絞るのがデザイナーの仕事といえる。そして、これはエンジニアとの共同作業だ。付け加えたい機能があったとしても、エンジニアが「ノー」と言う場合がある。コストがかかりすぎたり、開発に時間がかかると採用できない機能があるからだ。

また、ユーザーインターフェースも重要だ。ユーザーが使う場面を想像し、片手で使うのか、使う時の指は親指なのか、それとも人差し指なのかまで考える。

たとえば、中高年がスマホを使う場合、左手にスマホを持って老眼鏡越しに右手の人差し指で操作する。一方、若い人たちは両手でスマホを持って親指を駆使する。すると、指の可動範囲が違ってくる。片手持ちの人差し指入力であれば画面の上部までタップできるけれど、両手持ちの親指入力であれば、指が動くのは画面の真ん中から下までだ。

池田は「そうなんです」と言って、「誰でもストレスなく使えなくてはダメ」とうなずいた。

「くふうカンパニーでやっているトクバイという全国のスーパーのチラシがタダで読めるアプリがあるんですけれど、使っているのは30代から40代の女性が大半です。すると、電車に乗っていて、片手でチラシを眺める。当然、下にスクロールしながら眺めていくわけです。しかし、片手の親指でスクロールするわけですから、画面全面をスクロールはしない。画面の半分くらいまでしか親指は動かない。指が動く可動範囲を考えながら、タップする場所を考えていく。

また、料理のレシピサイトだったら、調理台の上に置いて、人差し指で全面スクロールできるから、画面構成も変わってくるわけです。つまり、アプリの内容によって使う指とかが変わるから、それを考えてデザインするんです」

あらためて思う。アプリデザインとは造形的な美しさを追求することではない。ユーザーの使いやすさが第一だ。ユーザーの操作ストレスを減らす。ユーザーが求めているのは「ああ、きれいだな」と感じるアイコンではない。見たい情報がいちばん最初に出てくるのがいいアプリだ。アプリデザイナーの仕事とは新しい何かを生み出すことではなく、客が望む答えを考えて、それを小さな画面に表現することだ。

悪いデザインは淘汰される

「悪いデザインのアプリってどういうものなんですか？」

そう池田に聞いてみた。

すると、ひと言で彼は答えた。

「ないと思います。あったとしても、ユーザーのクレームですぐに消えていきます」

２０２０年のこと、ある生活系アプリがアイコン、画面デザインをリニューアルした。すると、たちまち大炎上した。操作性が悪く、また、有料会員にならないと使えないサービスが増えたからだった。生活系アプリの運営元はユーザーのクレームに驚いて、すぐに元に戻した。このことだけをとっても、アプリデザインはユーザーファーストでなくてはならない。

池田はため息をつく。

「いいといわれるものしか残らない。だから大変なんです。トクバイのアプリもユーザーが気づかないうちにクレームなり要望を聞いて毎日のように改修してます。アプリデザインに終わりはないんですよ」

池田はクックパッド時代に炎上した過去がある。クックパッドのアプリにとって、もっともアクセスが多い日はバレンタインデーだった。みんなが「手作りチョコ」のレシピを探す日だから、想像を超える数のユーザーがアイコンをタップするのである。

サービス精神のある池田は「季節アイコン」を作ることにした。クリスマスにはアイコンを緑と赤にしたり、サンタクロースの顔を入れたり……。アイコンにバレンタインデーの雰囲気を入れようと思ったのである。その考えはいい。だが、ユーザーからのリアクションは最悪だった。

池田はアイコンの地色をオレンジから、バレンタインデー用のピンクに変えた。可愛いデザインになった。だが、クレームが殺到した。

「なんで、ピンクなんかにしたのよ。アイコンがわからないじゃない。どうしてくれるの。チョコ作らなきゃならないのに……」

「あのう、ピンク色のクックパッド、これ、ニセモノですか？」

「クックパッド、乗っ取られてる」

クレームの嵐ですぐに元に戻さなくてはならなかった。しかし、池田は懲りない。その後もまた季節アイコンに挑戦したのである。デザイナーの悲しい宿命ともいえる。

彼はハロウィンの季節アイコンを作った。ただし、地色は変えず、アイコン上部に小さなコウモリを添えたのである。結果は同じだった。ユーザーからのクレームは止むことがなかった。

「アイコン、怖い」

「気持ち悪い」

「パクりアプリだ」

池田はふたたび反省して元に戻す。それでもまだ懲りない。季節性アイコンにはその後も挑戦している。

ただ、懲りずにチャレンジすることもまたアプリデザイナーの仕事だ。挑戦しなければ進歩はない。クレームもアプリデザイナーにとっては恩恵ともいえる刺激なのだから。

池田は「リニューアルしたものがすべて受け入れられることはないと思ってます」と言った。

「僕たちはリニューアルしたデザインの検証をします。その時『元に戻すボタン』をつけておく。

『デザインのリニューアルをしました。一時的に新しいデザインを使えるようにしています。でも、嫌な人はこのボタンを押したら元のデザインに戻せますよ』

そうして戻すボタンを使う人の数を調べるのです。100人のうち何人押したかがわかればリニューアルしたものを気に入ってもらってるかどうかがわかる。

何度も検証するんです。すると、だんだん『元に戻すボタン』を使う人が減ってくる。

デザインはやっぱり進化させないとユーザーは離れていってしまうんですよ」

ユーザーファースト

池田がクックパッドを辞めたのは2017年。代表だった穐田が大株主の創業者から追い出された形だった。穐田が抜擢したスタッフ、穐田に私淑する幹部たちは揃って退社し、今の、くふうカンパニーにつながる会社を始めた。全国のチラシを集めたトクバイだったり、不動産サービスだったり……、いずれも人の生活を便利にするサービスの会社だ。それらの事業会社が集合体となり毎日の生活からストレスをなくすためのサービスを追求している。

同グループのデザインを統括する池田は、ユーザーがストレスを感じるようなアプリを作るわけにはいかない。会社の目的とかけ離れた難度の高い操作性を持つアプリを開発するわけにもいかない。

だから彼はユーザーになりきって、日夜、使いやすいアプリを作るために奮闘している。

スマホを使っている人がいると、何を見ているのかが気になる。特にくふうカンパニーがやっているサービスのターゲットはチラシだったり、家計簿アプリだったりするから、女性だとなおさら気になる。

そこで、うつむき加減で伏し目がちになって、存在感を消しながら視線を向ける。そう、モジリアニの肖像画になっている人のように、「私は善人です」とアピールする。伏し目がちの仕事人生だ。

「結局、使っている人を見ること、そして、自分自身がユーザーとして使うこと。それしかないんです。自分で使っていると、これは残るサービスだな、これはなくなるなとわかります。たとえば、どのサイトにも『よくある質問』ってありますよね。くふうカンパニーはなくそうとしてます。あれ、見る人、いないと思うんですよ。

だって『よくある質問』のなかに自分が聞きたいと思うことが書いてあったためしがない。結局、問い合わせ先に電話しちゃうでしょう。あれ、どこのアプリからもいずれなくなると思います。今、くふうカンパニーでは生成ＡＩをサービスに導入し始めています。それが進んだら、ＡＩがいろいろな質問に答えられるようになります。僕らの仕事はユーザーのストレスをなくすことなんです」

アプリデザイナーの仕事はユーザーのストレスをなくすこと。

拍手を送りたいくらい立派な仕事だ。しかし、本人はストレスを抱えるだろう。

池田は言う。

「そうですね。家にいると、ストレスを感じることがあります。タンスの引き出しの中身がパンパンになっていたりすると、ストレスなんですよ。引き出しがなかなか開かない。やっと開けると、シャツが入っている引き出しのいちばん上に絆創膏の箱が入っていたりして、ストレスです。本来ならば、絆創膏ではなく、シャツの引き出しならシャツがいちばん上にあるべきじゃないか……。そんなことを考えてしまう自分が悲しい。しかも、口に出せないわけです。だって、奥さんに言ったら、怒られるだけだから。

一度、嫌みっぽく言ったことがあるんですよ。『あれ、なんで、引き出しパンパンなの？』って。

妻は『あー、はいはい』って。無視されました。まあ、自分で引き出しの整理をしましたけど。ストレスでしたね、あれ」

第7章

神戸を色で表現する文房具店

ナガサワ文具センター

竹内直行

（兵庫県神戸市）

年間2万個以上売れるご当地インク

神戸は六甲山の緑、神戸港の青という二つの色に挟まれた町だ。暮らす人たちは毎日、緑の山容と青い海を見ながら生活している。

地元の文具店、ナガサワ文具センターで商品開発の仕事をしていた竹内直行もまた山を眺めること、きらきらと輝く海に目を細めることが神戸っ子の日常だと信じて疑わなかった。

だが、1995年1月17日の早朝、その日常は変わった。マグニチュード7・3の大きな地震が神戸の市街地を始めとする関西地区と淡路島を襲ったのである。犠牲者の数は6434人、負傷者は4万3792人、約64万棟の住居が被害を受けた。阪神・淡路大震災により、人口約150万人の神戸市は大きな被害を受け、復興には長い時間がかかったのである。

竹内が働いていた職場もまた被災した。彼が一歩、外に出ると、あれだけ美しかった町が灰色の廃墟と化していた。

それから10年の間、後片付けと復旧の日々が続いた。本来の目的である神戸発の文具を全国に発信することは叶わず、ひたすら店舗や倉庫の片付けに精を出すしかなかった。また、各地の取引先に電話をかけ、商品を回してもらうよう依頼することが多かったのである。

2005年になって、やっと一息ついたこともあり、竹内は考えた。

「取引先のみなさんにお礼の気持ちを伝えなくてはいけない」

被災した店のために応援してくれた全国各地の人たちに自筆の手紙で感謝を伝えることにした。

「それなら神戸らしい、粋でおしゃれな手紙を書きたい」

神戸らしい、粋な手紙にするには店頭にある市販の筆記用品では物足りない。ペンやインクを市販品とはひと味違うものにしたい……。

「そうだ。インクだ」

竹内は大好きな神戸のさまざまな景色をインクの色にして、それで手紙を書いて送ればいいと思いついたのだった。

インクを開発するため、彼は震災前からの趣味だった町歩きを始めた。そうして、神戸の景色をテーマにしたインクをひとつずつ作っていった。

六甲山の緑を表現した「六甲グリーン」、神戸メリケン波止場から見える空と海の青を生かした「波止場ブルー」、そして、神戸の落ち着いた街並みをノスタルジックな色にした「旧居留地セピア」……。

この3色から始まったインクは現在、117色にまで増えている。2017年には3万個の売り上げを記録し、以後も年間2万個以上は売れている。海外への輸出も好調だ。インクは世界中の文具店で売っているものだけれど、町の名前が付いたご当地インクは竹内が開発した「Kobe INK物語」が初めてのものだ。

神戸がいちばん美しい

竹内は明石市の生まれだが、小学生の時に神戸に引っ越し、以来、ずっと市内に暮らしている。小学校から高校までは神戸、大学だけは京都だったが、卒業した時、「神戸にずっと住みたいから」と地元の企業を選んだ。

高校時代から彼は休みになると親に買ってもらったペンタックスのカメラを持って、旅に出た。姫路駅や加古川駅でＳＬ（蒸気機関車）を写し、自分の部屋を暗室にして、撮ったフィルムをプリントした。大学に入学すると、ＳＬが数多く残っている北海道まで足を延ばし、いわゆる「撮り鉄」として旅を楽しむ生活を送っていた。ナガサワ文具センターに入社してからも趣味は続いた。週末は神戸の町や六甲山を歩いた。長い休みになれば全国各地を旅行して歩いた。だが、彼はいつもこう思った。

「全国を歩いたけれど、いちばん美しい町はどこかといえば、それは神戸だ」

なくなっていく文具店

竹内が入った会社、ナガサワ文具センターは経済産業省の統計によれば「紙・文具小売業」に分類される。一般的に言えば、町の文具屋さんだ。小学校や中学校の近くにあって、生徒たちがノートやシャープペンを買いに来る店……。

そんな町の文具屋さんの数がもっとも多かったのは1950年代だった。その頃は日本全国の商店街と学校の近くには必ず文具屋さんがあったのである。ただし、その後、現在に至るまで、店舗数は減り続けている。

経産省はおおむね5年ごとに商業統計速報を発表している。前回の「平成26年（2015年）商業統計速報（卸・小売業）」によれば全国の「紙・文具小売業」の事業所数は、7269店だ。それより前の調査（平成19年）では1万1806店。7年間で実に38・4％も減っている。

数字はやや古いけれど、この傾向は今も変わっていない。少子化で学校の数が減ったこともあって、校門近くにある文具屋さんがなくなった。シャッター商店街が増えたことで、町の文具屋さんは閉店してしまった。このところはコロナ禍もあり、コピー用紙、パソコン用インクなどを買う場合、みんな、ネット通販を利用するようになった。

竹内は言う。

「文具店の数は年々、減っています。そして、売れ筋は変わりました。僕が入社した頃、1980年頃の売れ筋といえば学校で使うノート、金銭出納帳などの帳簿類、それからバインダーでした。クレヨン、クレパス、色鉛筆は子どもたちが買いに来ましたね。封筒、便せん、カードも売れていました。

それが今ではもう売れません。製図用品も売れなくなりました。雲形定規とかロットリングは製図に使うものでしたけれど、今はパソコンで製図するでしょう。パソコン時代になってから文具に対する需要が変わったんです。

売れているのはオフィス用品、雑貨、それから……。うちに限っては万年筆、ガラスペン、インク、封筒、便せん。そうです、インクではＫｏｂｅ ＩＮＫ物語です」

入社後、竹内は1年間だけ店頭に出て、商品の販売を経験し、2年目からは商品開発のセクションに移動した。そのセクションは従来からあったものではなく、竹内が「商品開発室をつくってください」と社長に直訴した結果、発足したものだった。たったひとりだけの組織だったのである。

それから数年間、竹内は大手文具メーカーの商品開発チームに入れてもらい、文具メーカーの人間と一緒に、さまざまな新商品を作った。万年筆、ボールペン、シャープペン、大学ノート……。デザインを変更させただけではなく、竹内は「握りやすく、そして書きやすい、という視点でボールペンを開発しませんか」と提案し、実際に商品化した。そのボールペンはたちまちヒット商品になり、今でも需要がある。

商品開発したものは自社の店舗で売った。竹内は店頭に立ち、アドバイザーとして万年筆やボールペンを買いに来る客に対応した。彼は販売すると同時に商品を買った客に、さりげなく質問をした。

「欲しい文具は何ですか？　今ある文具のどこを改良してほしいですか？」

その結果をまた、商品開発に生かしたのである。

休日になると神戸の町、六甲山を歩き、ハーバーランドを見て回った。カメラを持ち、町を歩き続けた。

小学生の頃から知っている町だったが、歩いているうちに「神戸ほど美しい町はどこにもない」と確信することができた。大人になってからは町の美しさを確認するため山に登り、町を眺めた。

ただ、そんな楽しかった日々は1995年の1月17日の早朝に終わってしまった。

逆風下のインク作りに社内は動揺

震災から10年の間、店の後片付けと再建で竹内は寝る間もないほど、働いた。在庫の商品がすべて売ることのできない状態になってしまった時、助けてくれたのは文具メーカー、そして、全国の仕入れ先、取引先だった。商品を送ってくれたり、支払いを先延ばししてくれたり、ナガサワ文具センターの周りにいた人たちは被災した同社を支援してくれたのである。

折に触れ、竹内はお礼を言い、頭を下げていたのだが、10年経った時、「感謝の気持ちを伝えたい。それも神戸らしいおしゃれな形で」と、ふと思いついた。

神戸らしい、おしゃれな形とは……。

万年筆で手紙を書く時、神戸の町が美しいことを含ませたい……。

そうだ。

「万年筆でお礼状を書くだけでなく、神戸の色のインクを作ろうと思いました。

感謝の気持ちは万年筆で伝わります。それは気持ちがこもる筆記具だから。漢字の『はね、はらい』は気持ちで変わります。気分がいい時、はね、はらいはウキウキしたものになっている。

そして色です。市販されているインクは神戸の色ではありません。神戸の景色を色にしてインクにしようと思いました」

竹内はふたたびカメラを手にして、町歩き、山歩きを始めた。

竹内は思い出す。

「休みの日に六甲山や波止場へ行き、現地取材です。ひとつの場所に10回以上、足を運んで写真を撮りました。写真ができたら、色見本帳を見て、イメージにいちばん近い色を選び、メーカーに作ってもらう。最初のうちはメーカーの人に色作りをお願いしましたが、途中からは自分でも色を合わせています。インクをブレンドするわけです」

初めて作った色は冒頭に挙げた3色だ。

緑の六甲グリーン。「六甲山系の深緑は神戸っ子を癒やす色でもあるから」。

青色の波止場ブルー。「晴れやかな日の、鮮やかな中に深みのある海の青をお楽しみください」。

茶色の旧居留地セピア。「神戸らしい落ち着いた街並みとノスタルジーさえ感じる風景をセピアカラーで表現しました」。

インクの説明に当たる文章は竹内が考えたもの。すべてのインクには彼が書いた物語が添えてある。

インクの発売開始は2007年。初代のiPhoneが発売された年で、万年筆はますます売れなくなっていった年でもあった。

ナガサワ文具センターでも万年筆やインクの売れ行きはよくなかった。特にインクは売れず、全メーカーを合わせて、1カ月に30個売れれば上出来といった具合だったのである。

そんな万年筆、インクには逆風が吹くなか、竹内が自社製インクを開発すると知った社内は動揺した。

「えっ、インクを作るって？　それ本気？」

周囲の反応はそんなものだった。

それでも、インクを開発できたのは社長がゴーサインを出したからだ。手書き文化の産物である万年筆とインクは文具屋の魂だとわかっていたのだろう。

開発は始まり、最初にできたのが「六甲グリーン」だ。

完成したインク50個を店頭に並べた。ある日、ふとインクを見た地元企業のオーナー社長が「神戸を色でＰＲできるのはすばらしい」と言って、大量に買ってくれた。できたばかりの「六甲グリーン」はなんと1カ月半で完売してしまったのである。それでＫｏｂｅ ＩＮＫ物語はシリーズ化することが決まった。

今、ナガサワ文具センターの売れ筋商品のトップ3はガラスペン、万年筆、そして、竹内が作ったインクだ。文具が売れなくなった時代なのに、同店にはペンやインクを求める客が全国からやってくる。すべては地元、神戸の地名が付いたインクのおかげだ。

「Kobe INK物語」最初に開発した３色

さて、１１７色あるインクの半分以上は緑と青である。黒は3色しかないし、インクの色の主流ともいえるブルーブラックはない。そして、暗い色よりも明るい色のインクが大半だ。

そして、竹内が作らなかったインクもある。

「Ｋｏｂｅ ＩＮＫ物語は万年筆のためのインクです。ですから、ラメ入りのインクはありません。ラメとはインクに混ぜた粒子です。万年筆に使うと詰まってしまい、文字が書けなくなってしまいます。でもガラスペンなら大丈夫ですけれど」

Ｋｏｂｅ ＩＮＫ物語のカラーマップ（色見本）にはそれぞれの色の物語が載っている。それには町で見つけた風景の瞬間が書いてある。解説ではなく、神戸の色を見つけた竹内の喜びが綴ってある。

町を歩いていて、ある場所に出くわす。ピンとくるものがある。頭のなかに色をテーマにした物語が生まれてくる。そして、浮かんだ色を記憶して、既存のインクをブレンドして、新たなインクを開発する。

町の物語が先に生まれる。インクの色は後から出てくる。彼が神戸で暮らした60年間に出合った色がインクに再現されている。

客の好みを引き出すサービス

竹内が働いているのは三宮にある本店とハーバーランドにある煉瓦倉庫店だ。煉瓦倉庫店の入り口横には専用のデスクが設けてあり、竹内はそこで客の相談に乗る。サービスマンとして万年筆やインクを販売しているのである。

「たとえば、ペンで手紙を書きたい中学生の女の子がやってきたとします」

竹内は具体的な説明を始めた。

「たとえば」と断っているけれど、おそらく実話だ。

「中学生の女の子が万年筆を持っていれば、それを使って手紙を書けばいいんです。でも、持っていなければガラスペンはどうですか、と勧めます。万年筆より安いし、いろいろなインクを使えますからね。今、ガラスペンは人気なんですよ。

それから、手紙の中身は青、黒などのインクで普通に書いて、末尾のひと言だけ文字の色を変えてみるといいですよ、とアドバイスします。

すると、女の子は『ピンクがいい』と言うわけです。それで4色くらい選んで、目の前で実際に書いてみる」

そう言いながら、竹内はＫｏｂｅ ＩＮＫ物語のなかからピンク系を3色と紫を1色、取り出し、紙の上にさらさらと波の線を書いた。

使用したピンク系は王子チェリー（№30）、雪御所ザクラ（№61）、六甲アルプスピンク（№78）、紫は神戸ヒメアジサイ（№57）である。

竹内がすぐれているのはピンクのインクのほか、紫のインクも付け加えているところだ。客は「ピンクが欲しい」と言った。しかし、それは絶対の要望ではない。

客が望んでいるのは末尾のひと言だけ色を変えて手紙を美しくすること。

何も「ピンクじゃなきゃダメ」と思っているわけではないのである。

竹内はユーザーファーストだ。客が本当に欲しいと思っているものを引き出す力がある。

それが本当のサービスだ。

彼が思った通り、その時の女子中学生は紫のインク「神戸ヒメアジサイ」とガラスペンを買って帰っていった。

彼は自分が売りたいものではなく、客が欲しいものをちゃんと知っていて、それを買ってもらう。

「それでは」とわたしは彼に問いを投げかけた。

「えー、ラブレターを万年筆で書きたいという人にインクの色を選んでください」

念のために言っておくけれど、これはわたし自身の質問ではない。あくまで、「この文章を読んで、万年筆でラブレターを書きたいと思った人」のための質問だ。

竹内は腕を組んだ。

「そうですねえ、何がええかな」

1分ほど、じっと考えて、顔を上げた。そして、言った。

「男性から女性であればブルー系の『須磨浦シーサイドブルー』（No.44）、ブラウン系の『旧居留地セピア』（No.3）。

女性から男性であれば、輝きのあるブルーの『摩耶ラピス』（No.14）、同じく『布引エメラルド』（No.13）」。

聞いた後、彼が挙げた色のインクを見ると、なるほど、である。

「須磨浦シーサイドブルー」はにごりがない。男の純情が表れている。

「摩耶ラピス」には底知れぬ深い想いを感じる。

このインクで書かれた手紙をもらったら、それは誰でも、きっと……。

インクの色を見て、秘められた力に圧倒されていたら、竹内が冷静に言い放った。

「でもね、インクの色だけじゃ恋は実りませんわ。手紙の内容と加えて実際の行動です。

それに尽きます」

確かに、竹内さんのおっしゃる通り。

第8章

津軽の伝承料理を引き継ぎ伝える会

津軽あかつきの会

工藤良子

（青森県弘前市）

津軽の味

「滋味掬《きく》すべき」という表現がある。

滋味とは栄養があって味のいいこと。

掬するとは、気持ちをくみとる、推し量って理解するといった意味がある。

「滋味掬すべき」と言葉を合わせると、料理を食べた時の表現というより、読書、観劇など深い精神的なものを味わった時の感想になる場合が多い。

だが、弘前市郊外の石川地区に暮らす中高年女性の料理研究会「津軽あかつきの会」の料理を口に入れた時、ふと、この言葉が浮かんできた。

彼女たちが作った料理をかみしめる。すると、食事とは単に食べ物を摂取する体験ではなく、食べ物を通して津軽の土地や文化を推し量って理解することとわかる。まさに、滋味掬すべきという表現にぴったりの料理がそこにある。

あかつき会のメンバーは30人。20代から80代までの女性が集まり、昔から食べていた津

「津軽あかつきの会」のメンバー

軽の味を再現している。彼女たちの活動は料理の調査、研究が主だが、週に4日、木曜から日曜までのランチタイムには活動の成果を一般にも発表している。つまり、予約すれば誰でも研究成果を食べることができる。

10品程度のおかず、汁物、デザートまでついて、1人前は1500円。代金は食材費で、利益を上げるのが目的ではない。

出てくる料理は仕込みに時間のかかるものばかり。晩秋のメニューは次のようなものだった。

茄子をすりつぶした毛豆（津軽産、表面に毛の生えた枝豆）で和えたもの、ゲソ、キャベツ、玉ねぎ、人参を玉子でまとめて揚げたイカメンチ、棒鱈《ぼうだら》と椎茸、フキ、高野豆腐の煮もの、栗と新米を炊きこんだ栗ご飯、デザートは紫蘇《しそ》を巻いた干し柿に桜の花の塩漬けを載せたもの……。

食材は野菜、果実、木の実、紫蘇のようなハーブ類だ。どの食材も使う日の朝に収穫したばかりのもの。そして、干した食品、塩蔵したもの、発酵食品といった保存食は手作りだ。津軽名産のりんご、米は会員と親しい近くの農家が分けてくれたものである。

そして、肉類、生魚は材料にはしない。うま味調味料、みりんは使わない。みりんはかつては高価な調味料だった。燗冷ましの酒は使っても、みりんを家庭の料理で利用することはなかったのである。醤油は買ったものだけれど、味噌はむろん自家製である。

「食べるものを変えなくてはダメだ……」

あかつきの会が研究や調理をしたり、客に料理を出す場所は代表、工藤良子の自宅である。自宅は弘南鉄道大鰐線石川駅の至近で、岩木山を望む津軽平野の南になる。晴れた日にはどこまでも空が広がる。胸いっぱいに空気を吸い込むと、それだけで体が清浄になった気分がする。津軽だ。太宰治、吉幾三、矢野顕子の津軽である。

さて、代表の工藤が津軽に伝わる家庭料理の研究を始めたのは40歳を過ぎてからだった。

「それまで3人の子どもを育てながら保育士をしていました。保育園は夏休みも冬休みもないし、朝から晩まで働いていたから、忙しかった。うちの子どもたちに食べさせるものにしても、スーパーの総菜とかチンして食べる冷凍食品とか、手のかからないものばかりだったんです。そうして毎日、忙しくしているうちに体調が悪くなって、仕事を続けられなくなり、保育士を辞めました。その時、私は思いました。

『これはもう生活を変えなくてはダメだ、食べるものを変えなくてはダメだ……』」

彼女はそれまで食べていたものをすっかり変えた。

食べるのは無農薬の野菜だけにした。保存料や添加物の入った総菜、冷凍食品を買うのはやめた。家族にも自然のものだけを食べさせるようにした。すると、彼女自身、風邪を引くこともなくなり、体に元気がみなぎってきたのである。

空いた時間に近所の公民館に通うようになり、そこで元気な年寄りに出会い、話を聞いた。老人たちは「昔からあるものを食べていさえすれば長生きするんだ」と口々に言った。お年寄りたちの話を聞いて、工藤は反省した。自分自身、昔からの料理のちゃんとした作り方を知らないことに危機感を感じたのである。

そこで、公民館で出会った4~5人の仲間と一緒に作り方を知っているおばあさんたちを訪ねて、昔の料理のレシピを聞きに行くようになった。あかつきの会が結成される前で、彼女はただ「ふるさとの料理を知りたい」という一心だった。

昔の味にはならない

工藤は思い出す。

「お年寄りに会いに行ったら、みなさん、とっても喜んでくれました。『うちの娘も孫も昔の料理の作り方に関心はないから』と熱心に教えてくれたんです。私は話を聞いてメモをして、自宅で料理を作りました。できた料理をもう一度、お年寄りの家へ持っていって、試食してもらい、昔の味になるまでレシピを直しました。

でも、今、作っている料理でも完全に昔の味と同じではないんです。

まず、水が違います。昔は湧き水、井戸水で料理していました。野菜自体の味も違います。きゅうり、トマトは、昔よりも味が薄くなりました」

ふるさとのレシピは増えていった。また、料理を研究する仲間も増えていった。昔の味を再現しているうちに感心したことがある。それは保存食の種類が豊富なことだ。冷蔵庫がなかったから、昔の人は野菜、山菜、魚を干したり、発酵させて保存した。冬になると水で戻し、塩抜きして煮物にした。

「ただ、昔の味はしょっぱいんです。農作業で肉体労働が多かったから体が塩を欲していたんでしょう。今はそれほど体を動かさないから、味付けは薄めにしています。米にしても、昔は何度も水を変えて研いだけれど、今は精米がいいから、さっと洗うだけでいい。私たちが作っているのは昔からの料理ですが、すべて昔のままというわけではありません」

公民館でお年寄りから料理のレシピを聞く活動を始めてから2年後の2001年、「津軽あかつきの会」がスタートした。その5年後には『津軽の伝承料理』というレシピ本を発刊した。

そうして本を読んだ人たちが「伝承料理を食べてみたい」とリクエストしてきたので、年に一度、食事会を開くようになったのである。ただ、食べてみたい人がどんどん増えてきたので、年に一度では足りなくなった。そこで、工藤の自宅を使い、週に4日、希望者に料理を出すようになった。

「食事に使う鍋やお膳はみんなで持ち寄ったり、使わなくなったものをもらいにいきました。ただ、商売じゃないんです。自然の恵みで作った料理を引き継いで、それを伝えることが会の目的です。だからといってお金を出してくださった、お客様方に手抜きしたりはしません。私はそういうところは会長としてちゃんと見ています。

昔は冠婚葬祭でみんなが集まって料理を作りました。年寄りが目を光らせて、若いお母さんや嫁さんに料理の作り方を教えました。今は冠婚葬祭で集まることもなくなったし、コロナ禍だから、集まりそのものがありません。私たちの会では感染対策もきちんとして、会員たちで料理をして、それを味わってもらっています」

台所の情景

あかつきの会で食事するには4日前に予約しなければならない。塩蔵した野菜の塩抜きをしたり、干したものを戻したりと下ごしらえに手間暇がかかるからだ。台所では7〜8人が立ち働く。野菜を刻んだり、豆をすりつぶして和え物を作ったり、あるいは煮干しと昆布で取っただしを野菜にかけておひたしにしたり……。それぞれマスク、三角巾、エプロンを着けて調理をしている。

調理の様子はレストランの厨房という雰囲気ではなく、主婦たちが集まって炊き出しをしているように見える。理由は和《なご》やかさとにぎやかさだ。彼女たちは笑いながら、話をしながら手を動かしている。

「茄子と毛豆の和え物はうまくできた」

「枝豆とさんまのだまっこ汁は一度、火を止めて、最後に葱をぱーっと散らすの」

仲間や自分自身に向かって話しかけながら調理している。会長の工藤はそれを見守っている。

工藤に訊ねた。

「どうして、あかつきの会という名前になったのですか?」

工藤は苦笑しながら答える。

「会を始めた頃、朝の4時半に集まっていたんです。日が昇る前に料理の研究をして、6時になったら、うちに帰って家族の朝食の支度やら畑に出なきゃいけないから。朝早くから活動する会だったから、私は『あけぼの会』がいいと思った。けれど……。当時、横綱の曙がなかなか勝てなくて……。みんながあけぼのより、あかつき（早朝）がいいということになって……」

コロナ禍が一段落した今でもあかつきの会は和気あいあいと料理を作っている。和気あいあい、楽しく笑いながら料理をする。それは、あかつきの会の会則なのだろう。

第9章

幸せを呼ぶ リハビリの権威

ねりま健育会病院院長

酒向正春

（東京都練馬区）

幸せを運ぶ男

ねりま健育会病院の院長、酒向正春《さこうまさはる》に会ったのは2014年の初めのこと。彼とわたしは総務省の東京オリンピック2020の委員で席は隣だった。

会うなり、こう話しかけてきた。

「野地さん、あなたの本と私が書いた本を交換しませんか」

大人だから「嫌です」とは言わない。

「もちろんですよ」と精一杯の笑顔で答えた。

その時、続けてこう言っていた。

「野地さん、リハビリテーション医の仕事は幸せを考えることなんです」

妙な気がした。わかったような、わからないような……。病気を治すのが医師の役目だ。

しかし、酒向は「幸せを考える」という。まあ、いいか。そのまま挨拶はしたけれど、ものすごく親しくなったわけではなかった。

2年ほどして、わたしの母（当時、88歳）が脳梗塞で倒れて救急車で入院した。入院したのは急性期病院だ。緊急、急病の患者が入院する病院である。患者はその後、症状が安定したら退院して自宅に帰る。ただ、脳梗塞で倒れると認知症になるケースが多く、その場合は回復期リハビリテーション病院へ移ってリハビリを行う。母親もまたリハビリ病院を探すことになった。

「酒向先生は確かリハビリ医？」

その頃、彼は世田谷記念病院の副院長で回復期リハビリテーションセンター長だった。母が住む家から近く、そして病室の空きがあったから、その病院に入った。

命を取り留めたのはよかった。ただ、ひとつ、気になることがあった。倒れる前までやさしかった母が怒鳴るようになっていた。わたしに当たり散らすような状態だった。

認知症になると、仕方がないのかなと思ったけれど、酒向に「どうして、うちの母は怒るようになったと思いますか？」と訊ねてみた。

すぐに答えが返ってきた。

「お母さんは他人じゃなくて、自分自身に怒っているんですよ」

続けて、こう問いかけてきた。

「野地さん、人間にとって幸せとは何だと思いますか？」

そんなことを突然、言われても困るというのが正直な反応だった。

怒るようになった母を心配しているだけで精一杯なのに、そんな時に人間の幸せを問われても……。それよりも、怒る母をなんとかしてほしかった。

彼は微笑した。

「野地さん、私は人間の幸せって周りの人を助けてあげて、喜んでもらえることだと思うんです。幸せとは他人からお金や物をもらうことじゃありません。人は、他人に何かをしてあげられる自分自身に幸せを感じるんです。認知症の患者だって同じです。何かをして、喜んでもらいたいと思っているんです。それができない自分に怒ってしまう」

至言だなと思った。

母は天ぷらや餃子を作って、家族に食べさせることが大好きだった。家族が料理を喜んで食べる姿を見る時は笑っていた。母の幸せとはそれだった。

だが、認知症になった母は料理を作ることができなくなった。だから、怒る。

では、認知症になった人をどうすれば幸せな状態にすることができるのだろうか？

戦後のリハビリ史

日本のリハビリ医療の始まりは第二次世界大戦後からだ。戦争で傷を負った傷痍軍人、ポリオ（急性灰白髄炎）の後遺症が残る肢体不自由児が主な対象だった。1950年代になると、リハビリテーション医学という言葉が現れ、広まっていく。そして、1972年、認知症を扱った小説『恍惚の人』（有吉佐和子）がベストセラーになり、世間も高齢者の介護、リハビリに注目するようになった。時代を経て、リハビリの主な対象は戦傷者、ポリオ患者から認知症の高齢者に入れ替わったのである。現在、リハビリ病院に入院する大多数は脳血管疾患、運動器疾患、廃用症候群の人たちだ。廃用症候群とは安静状態が長期にわたってしまったために起こる心身の機能低下のこと。寝たきり状態でいたために立てなくなったといった症状だ。

さて、わたしはこの原稿を書くために、ねりま健育会病院へ取材に行った。本来は3年前に行く予定にしていた。だが、コロナ禍となり、病院には入れなくなったし、酒向とも会うことができなかった。

やっと会えるようになった2023年、調べたことを彼に話した。酒向は「その通りです」と言い、付け加えますと……と話し始めた。

「1980年代には脳卒中で寝たきりになる方が増えて、何とかしなくてはいけないとリハビリ医療に注目が集まりました。ただ、その頃のリハビリとは温泉病院に代表されるように、温泉に浸かったり、マッサージをやって自然に治るのを待ちましょうといった程度だったんです。それが1990年代の後半からきちんとしたリハビリを時間をかけてやらなくてはならないという認識が出てきて、リハビリの専門病院ができたのです」

愛媛の出身だった彼は愛媛大学医学部を出て、脳卒中の治療を専門とする脳神経外科医となった。リハビリ医ではなかった。

酒向は思い出す。

「医師が行う治療とは、手術、投薬、点滴といったところです。しかし、寝たきりになった人に対しては、どれも大きな効果があるわけではない。脳神経外科医として現場にいた私は考え込んでしまったのです。患者さんのために何をすればいいのだろうか。患者さんに幸せになってもらうためには何をすればいいのか。私は病気より、人の幸せに関心がありました。

このまま脳外科の病棟に患者さんを置いておくのはよくない。リハビリ治療を行ってもらうしかない。

リハビリ治療とは大まかに言えば寝ている人を起こし、座らせ、立たせて、歩かせること。そうしているうちに目が開いて、脳の反応が上がってくる。ただ、そういう治療は脳外科の病棟ではできない。それで、リハビリテーションの専門病院に患者さんを紹介して、よろしくお願いしますと預けようとした……。すると、『酒向先生、無理です。できません』って言われたんですよ。さらに、『脳外科の先生が治せないものを私たちが治せるはずがない……』」

彼は決めた。

2004年、酒向正春は脳神経外科医をやめて、リハビリ医になった。これは大きな決断だ。それまで脳神経外科医からリハビリ医になる医師はほとんどいなかった。どうしてかといえば、医学界には診療科によって序列がある。脳外科、脳神経外科は上位に属する。複雑な部位である脳の治療をする診療科の医師は上位の医師とみなされるのである。一方で皮膚科、歯科、小児科は重きを置かれていない。しかし、それであっても皮膚科、歯科、小児科へは疾患のある患者さんが直接、やってくる。一方、リハビリ科に直接、やってくる患者はまずいない。たいてい、急性期病院からの紹介だ。しかも、リハビリ医は手術をするケースはほぼない。医師としては活躍する場面に欠ける。リハビリ科は直截的に言えばマイナーな診療科だったのである。

ただし、今では多少、事情は変わっている。リハビリ病院に来る患者の数が増える一方になり、注目の診療科になってきたからだ。それもあって、現在では最初からリハビリ医を目指す医学生は少なくないどころか増えている。需要があるから供給もまた増えていくのである。

リハビリ医として

2004年、脳神経外科医からリハビリ医に代わった酒向は初台リハビリテーション病院（2002年開院）に所属することにした。同院は野球の長嶋茂雄監督、サッカーのイビチャ・オシム監督を治療した病院として知られる日本有数の回復期リハビリテーション病院である。そこでリハビリ医として現場に立ち、知見を高め、2012年、世田谷記念病院を副院長、回復期リハビリテーションセンター長として新設した。診療科を移ってから、わずか8年で専門病院の副院長に招聘され、リハビリ医療を任されるほどになった。リハビリ医としては空前の昇進だった。

そんな彼の医療方法は「攻めのリハビリ」だ。寝たきりの患者をつくらないための積極的なリハビリ治療であり、それはチーム医療の徹底により行われる。マンツーマンで患者に相対するのではなく、医師、看護師、各種療法士など1チーム10人でひとりの患者を治療する。

元々、リハビリ病院では医師のほか、看護師、療法士が治療を行う。ただ、それまでは互いの強い連携がなかった。医師がトップにいて、それぞれの役割のスタッフに指示を与える。医師と看護師、医師と療法士というペアが患者に向かい合っていた。だが、酒向は横の連携を重視した。看護師と療法士が一緒になって患者に治療を行う。時には医師もその中に入っていく。

サッカーのマンツーマンディフェンスをゾーンディフェンスに変えたとも表現できる。世田谷記念病院ではそういったやり方を導入して、実績を上げた。

2017年、彼はねりま健育会病院を院長として新設した。院長就任に際して、彼がやったのはチーム編成だ。WBCで優勝した栗山英樹監督が大谷翔平、ダルビッシュ有選手の元を訪ね、一人ひとりを招いたように、彼もまた「これぞ」と見込んだスタッフを集めてねりま健育会病院に乗り込んだのである。

褥瘡を憎む男

彼は「攻めのリハビリ」と言い続けている。それは寝たきりにしないことだ。難しく表現すれば「可能な限り早期に生活自立のための歩行機能を獲得し、社会参加し社会貢献できる人間力を回復する」「患側踵を接地し、股関節荷重と股関節伸展する動作を再獲得する……」（酒向正春・竹川英徳「攻めのリハビリテーションと認知症ケアのための街づくり」より）。

なぜ、寝たきりの状態をそれほど憎むのか。それは床ずれ（褥瘡《じょくそう》）ができるからだ。床ずれの存在を彼は許していない。

酒向は「病院で何度も見ました。あんな状態にしちゃいけないんです。人間なんだから」と言った。

「床ずれって、みなさんご存じないだろうけれど、皮膚がかぶれることじゃないんです。皮膚がなくなって穴が開くんです。背中というか腰に20センチぐらいの穴が開いてしまう。2000年まではよくあることでした。

痛くないのか？　ええ、実は痛いのは最初だけなんです。傷は、みなさん経験あると思いますけれど、切って痛いのは少しの間で、時間が経つとそれほどでもなくなる。ただ、膿が出て猛烈に臭い。褥瘡ができた人の部屋はほんとに臭いんです。そんな部屋に人を寝かせておくのは非人間的です。ですから、私はとにもかくにも寝たきりにはさせないと決めました。それもあって現在では患者さんを座らせるのが原則です。褥瘡とか寝たきりは少なくなりました」

彼がリハビリ医に転向し、攻めのリハビリを主張するのは、褥瘡という非人間的な病態に打ち勝ってやろうという決心をしたからだ。

——こんなことがあってはならない。人間を尊重して、幸せな状態にするのが医師としての役目だ。そのためには攻める。立てない患者を立たせる。歩かせる。作業をしてもらう。それも早期にやる。患者が嫌がらないようにおだてて、痛くないように絶妙に動かして、絶対に寝たきりにはしない。そのためにリハビリ医になったのだから……。

10人のチームで患者を見守る

ねりま健育会病院では彼が望むチーム医療が実現できている。

まず、医師は元々の疾患と全身の状態を診療して管理する。看護師、介護福祉士は患者の日々の生活を支える。理学療法士、作業療法士、言語聴覚士はそれぞれの役目を果たして、患者のクオリティ・オブ・ライフを向上させる。歯科衛生士、薬剤師、管理栄養士は患者の健康状態に合わせた治療、投薬、食事を用意する。そして、各スタッフと患者、家族の間を調整し、コミュニケーションを進めていくのがソーシャルワーカーだ。

ひとりの患者を見守るために同病院では10人がチームとなっている。あと、ひとりいれば、そのままサッカーチームにも移行できる。そうだ。酒向院長はトップの位置でシュートする。ゴールキーパーには理事長を呼んでくれればいい。

話は戻る。

院長として病院とスタッフを統括する酒向はさらに経営まで考えなければならないのだから、文字通り、休む暇はない。朝の7時には大泉学園駅に着いて、そこからバスを乗り継いで、速足で歩いて病院にやってくる。病院を出て帰るのは早くても午後8時だ。また、うちに帰ったとしても緊急の連絡には必ず対応する。24時間、年中無休のホスピタリティサービスが彼の仕事だ。

酒向医師は監督兼プレーヤー

同院のふたりのスタッフから実際の仕事を聞いた。作業療法士の二瓶《にべ》太志と看護師の伊藤憲次。酒向に招かれてやってきたふたりである。

二瓶の話。

「僕は栃木の国際医療福祉大学を出て作業療法士をやっています。その大学では理学療法士、言語聴覚士、看護師など他の職種も学ぶことができました。今の職場でやっている多職種連携のチーム医療には最適だったと思っています。

作業療法士の仕事を簡単に説明すると、作業を通してリハビリをすること。簡単すぎましたか？　えーと、作業っていうのは、日常生活活動、趣味活動などのあらゆる活動のことです。

ただ、立ったり座ったりといった基本的な能力は理学療法士の仕事になります。作業療法士は基礎的能力を応用して日常生活を過ごしたり、作業をうまくこなすことを補助します。

患者さんが主婦の方でしたら家事の能力を引き上げることでしょうか。自宅に帰って、家事をやれるようになったら、主婦の方にとっては意味のあることですから。

病院という環境のなかではありますけれども、家事の練習をしてもらいます。そして練習の成果を評価して、何ができて、何ができないかとか、自宅に帰ればこういう道具を使えばいいなどを提案して、患者さん、ご家族と共有する。そんな仕事です」

「僕は最初、急性期病院のなかでリハビリをしていました。ですが、限界があります。それで回復期のリハビリを学びたいと思い、初台リハビリテーション病院に入ったんです。そこで酒向先生に会ったのですが、他のドクターとはちょっと違うところがありました。病気の予後予測もやられてますし、リハビリに対して的確な指示もいただきました。そこでぜひ、先生の下で一緒にやっていきたいなって思ったんです。

とにかく酒向先生は他の先生と違っていました。たとえば、リハビリの処方箋を出したら、出しっぱなしで何も介入しない先生は多いんです。リハビリについても日ごろ関心を持たず、カンファレンスの時だけ指示するとか……。

酒向先生は患者さんについて、とてもよくご存じです。『リハビリチームのリーダーはドクターだ』と責任を持ち、全体の治療のマネジメントをすることに力を入れています。医師として力を発揮しようというよりも、リーダーとして患者さんに当たろうとしている。野球のチームでいうと、監督兼プレーヤーみたいな。先生もしっかりと患者さんを担当される。

たとえば足の装具などは理学療法士が作るのですけれど、そこにも必ず立ち会って『こういったタイプの方がいいんじゃないの』って意見を言う。当院ではそれが当たり前になっていますが、他の病院だと装具の作製は理学療法士にまかせっぱなしになると思います」

「当院では、攻めのリハビリをやっています。基本的には患者さんを寝たきりにさせない。抗重力運動という重力に抗した運動をしていく。まずは、医師が攻めのリハビリができるよう全身状態を管理する。そして、看護師さんが普段から患者さんをみて、日中は寝かせっきりにしない。起こしてトイレにお連れする。

患者さんがリハビリを嫌だと言ったら、なぜ嫌なのかをアセスメントをして、本人がやる気になるような形に持っていく。

リハビリって患者さんには大変なことだから、嫌がる理由はあるんです。疲れるから嫌だ。今の状況をよくわからないから不安でベッドから起きるのが嫌だ。そういった時は、こちらの関わり方を工夫する。上から目線で命令するのではなく、本当に寄り添っていく。まずは触れてみるとか」

「僕は患者さんがどんな人生を歩まれていたかにヒントがあると思っています。その方が歩まれてきた道です。お仕事は何だったのか、家族は何人いるのか。ご自宅の写真を見させていただくことが多いです。写真を見ると、その方が大事にしていることがわかることが多い。

ご自宅の写真を見て、非常に整理整頓されている部屋だったら、本人はものを片付ける、整理整頓するとかが非常に好きなんだってことがわかる。そこで、リハビリテーション室の一角を散らかして、一緒に整理整頓をやらせていただく。そこで僕は『ありがとうございます』と言う。患者さんは、人に喜んでもらうこと、感謝されることが好きです。自己有能感を感じ、自信がついてくる。人に何かをやってあげたいんです」

「自分がこういう仕事をしていて感じるのですけれど、病院によって治療方針はずいぶん違います。スタッフによっても違う。軽症ならばどの病院でもよくなることができますけれど、難しい症例、重症の場合は病院を選ばないとダメです。私が自分が高齢になって認知症になったら、この病院に入りたいなと思うんですよ。お世辞ではなく」

リハビリ病院では患者の生活をみる

伊藤憲次・看護部長。

「私は寄り道して看護師になりました。大学の工学部を出てから看護学校に入ってるんです。大学院の時、寝ずに研究してたら、体調が悪くなってしまい入院したんです。その時、看護師の仕事を間近で見て、人に直接貢献する仕事に魅力を感じました。当時、まだ男の看護師は珍しい存在でした。そこで、看護学校を選ぶ時、男子学生がいちばん多いところにしました。それでも確か男子は7％しかいなかった。今では看護師になる男子も増えてきて、2桁の男子学生がいる看護学校もあります。

酒向先生とは初台リハビリテーション病院で会いました。私は大学で学んだ建築のことを引きずっていたせいか、病院の研究発表会に、椅子をつくって出したんですよ。麻痺の患者さんは手がブラーンってなるから、手を置いたら姿勢が安定するような椅子を研究として提出したんです。障害者でも、おしゃれな椅子に座りたいんじゃないかと思ったから自分で設計しました。結果的に採用にはならなかったのですが、酒向先生がとても興味を持ってくれ、それで話をするようになりました。世田谷記念病院にも一緒に行きましたし、こちらにも来ました。

酒向先生って夢を見るんです。他の先生たちって、患者さんがよくなるとか、そういうことしか言わないけれど、あの人の場合は認知症でも人生をもっと楽しめるとか、そういう夢を見る。

私もそうです。そう思っています。人はどんな時でも、よりいい生活をしたいとか、幸せに生きていきたいとか、やっぱりそういうふうに思うんじゃないでしょうか。酒向先生は視野が広いから患者さんがそういうことを考えているのも知っている。だいたい、あの方は飲みにいっても、あまり病気の話をしない。

　幸せの話をしますよ。障害を負ったから、じゃあ、そこで人生終わっちゃった、障害を持ちながら、ずっと我慢しながら生きていかなきゃいけないとか、そういうのはダメだと言ってます。

　幸せに生きるのが誰にとってもすごく大事なんです。現実としてはうちの病院に来る人は大きな病気を持っているわけですが、でも、病気になったからって、全部諦めることはない。計画していたことはやってもらいたいと思いますし、残りの人生を楽しんでもらいたい。うちの病院では幸せになるためのコーディネートができます」

「急性期病院の看護師とリハビリ病院の看護師では仕事が違います。急性期病院の看護師は病気をみてます。一方、リハビリの私たちは患者さんの生活をみます。たとえば急性期病院には『胃炎になりました、胃潰瘍になりました』といった患者さんがやってきます。入院の目的は胃炎や胃潰瘍を治すこと。看護師は治療に専念します。

　一方、私たちの病院に来る方って、胃炎とか胃潰瘍とかもあるかもしれない。それはそれで治療はします。でも、それよりも病気がきっかけでそれまでの生活ができなくなった方たちです。ですから、生活をみる。たとえば、急性期病院ではトイレに行ける能力があっても便はオムツでしてくださいって言われることが多い。

それは看護師がトイレに連れていく時間がないから。私たちの病院は生活をみるところなので、なるべくトイレに行きましょうとなる。急性期病院の看護師の仕事は診療の補助が圧倒的に多い。一方、私たちは療養上の世話です。

私たちの仕事は患者さんが困っていることの情報をキャッチして、その人のために何かをしてあげることなんです。食事に出てくるかまぼこが嫌いだって言われたら、鶏肉を出すよう管理栄養士に伝える。鶏肉も嫌いだって言ったら、何か他のものを考える。

うちの看護師はリハビリに対しては、すごく協力的です。看護師も一緒になってリハビリをやっています。それが特徴ですよ。リハ部、看護部の境目がない。一緒にやるんです」

院長を始めとして二瓶、伊藤たちスタッフがチーム医療に力を尽くした結果、同病院は開設から6年で次のような実績を残している。

自宅へ戻る在宅復帰率は94・1％。全国平均の78・8％（2019年）よりも高い。重症患者改善率は61・3％。全国平均の23・1％（2019年）をはるかにしのぐ。そして、短い入院期間でどれだけ日常生活能力を高めることができたかを評価するリハビリテーションの実績指数は61・6。全国平均の指数値は23・1（2019年）である。

同院は全国一とは言わないけれど、全国でもトップグループに入る。

また、在宅復帰率の数字だが、全国平均が78・8％というのは日本のリハビリ病院全体の実力を示している。かつては、入院したらほぼ寝たきりだったのである。それがリハビリ病院を拡充し、専門性を高めたことで、高齢の患者が自宅で天寿をまっとうできる割合は高くなった。

酒向は言っている。

「うちの病院に来た患者さんの望みは二つ。高齢の患者さんは『早くうちに帰りたい』。中年の患者さんたちは『仕事に戻りたい』。日本人は真面目なんです。病気になっても仕事をしたいんです」

わたしはふと聞く。

「かわいい子と遊びたいなんてオヤジの患者もいるんじゃないですか？」

酒向は真面目な顔になる。

「何を言っているんですか、野地さん。でも、ごく稀にいるんですよ。そういう人は看護師の手を握ってきたりしますね。でも、うちの病院は握手以上のセクハラは絶対、禁止です。退所していただきます。それに認知症でセクハラする人はいないんですよ。そういう方は認知の振りをして握ってくる。若い女性職員が多い職場なので、そりゃあ、もう退所ですね」

コロナ禍を乗り越えて

コロナ禍になってから、リハビリ病院は苦難に立ち向かうことになった。入院の見舞いを断り、外来患者を制限しても、新型コロナに感染する入院患者が増えたのである。ねりま健育会病院も例外ではない。1年半の間に5回のクラスター感染が起きた。酒向を始めとするスタッフは疲弊した。しかし、在宅復帰率などの実績はコロナ禍であってもちゃんと維持している。

彼はこう言っている。

「実績が落ちていないのはリハビリを続けたからです。

一方、リハビリをちゃんとしていない病院は感染が起こっていません。リハビリをやらないから患者と接するのも少ない。コロナもクラスターも起こらない。すると、今の時代はそういうところが優良病院と呼ばれるんです。クラスターが起こらない病院が感染対策を徹底したからだと……。リハビリをしない病院が感染対策を徹底した病院となってしまう。おかしなことです。

リハビリの効果が表れるのは患者さんをベッドから起こして、歩かせて、いろんな動作をして、しゃべる練習をして、食べる練習をして、頭を使う練習をすること。とにかく触れることなんです。ただし、これをしていたら感染してしまう。新型コロナには潜伏期があります。確定診断できない時期があるので、看護師、療法士がその間にリハビリをしたら感染してしまう。もう、5回も起こりました。それでも私はリハビリの質を落とすことはしません」

新型コロナがなくなることはない。症状は軽くなったが、リハビリ病院にいる患者がうつったら、命に関わる。そこで、ねりま健育会病院では今でもお見舞いはコロナ検査後でないとできない。病院に入っていくにはマスクをして、検温しなくてはならない。

しかし、リハビリはすすめている。

彼は「リハビリの後のことも考えています。まずは回復すること。少しでも回復すれば何かができる」と言っている。

「当院では回復期に入ったら、アドバンス・ケア・プラニングをします。今後どうやって、どこまで回復して、どういう人生を送るかを考えていただき、計画する。今後、どう生きるかを考える。認知症であっても、杖をついていても、車いすでも、近く命に関わるような病気であっても前を向く」

私たちのやることはそれですと彼は断言した。

わたしが聞いたのはひとつだ。

「認知症にならないためにやることはありますか？」

彼は「月並みですけれど、健康に気をつけること」と答えた。

「食生活、体重をコントロールして動くこと、これが基本です。あとですね、心の健康も考えなくちゃいけない。心の健康のためには、睡眠と日中覚醒のバランスです。夜はしっかり寝て、昼間は屋外に出て誰かと話して活動する。時間が短くても。それをすることによって、精神というか心が健康になります。この二つをちゃんとやったうえで、あとは自分で学ぶしかない。

人って面白いのですが、健康な時よりも病気の時の方が医師や看護師の話を真剣に聞くんです。医師が言ったことを守る瞬間とは、自分が病気になった時だけなんですよ。よく不祥事があった会社の社長が出てきて、『会社を変えます』って言うでしょう。あれは不祥事の時だけ。儲かっている会社の社長が出てきて、『明日からうちの会社は変わります』って言いますか？

それと同じで健康な時、人は医師の話を聞きません」

確かに、おっしゃる通り。

「では、人は日ごろから医師の話を聞くべきですね？」

酒向は明確に言った。

「そうです。健康な時にこそ素直になって医師、看護師の話を聞いて自分で考えることです」

リハビリの権威、酒向がやろうとしているのは病気を治すことだけではない。健康な人には素直になって健康を考えてもらう。認知症の人には幸せになってもらう。

＊付記

わたしの母は世田谷記念病院を退院して、自宅で暮らしていた。怒ることはなくなった。コロナ禍で骨折してねりま健育会病院に入ったが、回復して退院した。今は自宅近くの特別養護老人ホームに入所している。

第10章

人気サウナのサンクチュアリ

神戸サウナ＆スパ総支配人

津村浩彦

（兵庫県神戸市）

全裸の男の横で

横に座っていた編集者Kは全裸だ。汗みどろのKは目の前に立った男に向かって、恥ずかしそうに指を2本、示し、うつむく。恥じ入っているようにも見えた。

Kはがっしりしていて戦車のような身体つきをしている。たくましい。ほれぼれする身体だ。日焼けしていて、目つきは鋭い。仕事もできる男なのだろう、おそらくは……。

いや、自分でそう吹聴していると聞いたことがある。厚かましい男だ。それなのに、たったの2回だ。恥じ入っている様子をしたのはそのせいだろう。それにしても、2回だ。それではおかわりの意味をなさない。いったい、何を考えているのか。ちゃんと取材をしようという闘魂はないのか……。

「軟弱ものめ！」

わたしはせせら笑い、熱風の攻撃に苦悶し、嗚咽する彼を見やった。一方、Kを撃破した男は無表情のまま移動し、わたしの前に立った。

「お前はどうする?」

言葉にはせず、首をかしげた男の口元には微笑みさえ浮かんでいた。

ええい、ままよと自暴自棄になったわたしはとっさに両手の指を広げて突き出した。

「10回! おかわりお願いします」

周囲からは「おお」「あっぱれ」「にっぽんいち」というつぶやきが聞こえてきた。

前に立った男、熱波師の前田は「ふむ」と言い、上等じゃないか、それなら、こちらもやり抜いてみせると表情をひきしめた。

彼はバスタオルを握りしめると、大きく振りかぶり、全身の力をバスタオルに託した。

エビぞりになった体を前に倒す。と同時に強烈な熱風がわたしを襲った。一度ではない。

2回、3回、4回……、回を追うごとに前田のエビぞり角度は増していく。顔は真っ赤だ。

熱風のハリケーンはわたしの体感温度を上昇させていく……。

いったい、わたしはどこまで耐えられるのだろうか?

熱波師と神戸サウナ

結論から言えば、10回のおかわり熱波で血行は良くなった。その後の11・7度の水風呂と外気浴で、身体は「ととのった」のである。一部ファンの間で「日本一のサウナ」と呼ばれている神戸サウナ&スパの熱波師、前田はさすがの技を持っていた。熱波師とはサウナ室内で熱風をタオルやうちわで送るパフォーマンスをする人をいう。検定試験もある。

1泊2日の取材に来ていたKとわたしは休憩室でオロポ（オロナミンCとポカリスエット、サウナ定番飲料）を飲みながら、非常に満足していた。

現在、サウナはブームになっている。特に熱波師のいるサウナはいつ行っても盛況だ。発端はサウナを取り上げた『マンガ　サ道』（タナカカツキ作、講談社、2011年刊行）が新しいファン層を開拓したことだ。さらに、実写化したテレビドラマ「サ道」（テレビ東京、2019年から）が好評で、熱波師とサウナのブームに火がついた。

そのため、おじさんたちの聖域だった場所にサウナハットをかぶった若者たちが大挙して押しかけるようになったのである。

Kとわたしが出かけていった神戸サウナ&スパもまた例外ではなく、ロウリュ（サウナストーンに水をかけて蒸気を発生させること）の時間になると、サウナ室前に10人前後の列ができる。

神戸サウナ&スパの開業は戦争が終わって9年目の1954年だ。1995年1月17日に発生した阪神・淡路大震災で被災したため、ビルを建て直し、1997年には「神戸サウナ&スパ」「神戸レディススパ」と新名称でグランドオープンした。同店には男性214室、女性30室のカプセルホテルが付属している。そして、ホテルを兼営しているため、営業時間は年中無休の24時間営業だ。お正月でもお盆でも早朝でも深夜でも、いつ行っても、身体をととのえることができる。

肝心の温浴施設について。男性用のそれは8つもある。
1　ハンガリアンバス（大浴場）
円形の大浴場。地下1004メートルから湧出する天然温泉「神乃湯温泉」を使用している。阪神・淡路大震災後にボーリングした天然温泉である。
2　水風呂
サウナを出た後に入る。露天の水風呂は1995年1月17日に発生した阪神・淡路大震災の記憶を忘れないために、11・7度に設定されている。「1・17度にしろ」と言う人はいない。屋内の水風呂はビギナー向けにぬるめの23度と優しい設定温度だ。

3　露天風呂　ビルのオープンスペースに作った露天風呂だ。

4　ジャグジー　気泡風呂。

5　メインサウナ

熱波師たちの道場である。前田たちが「ロウリュサービス」を30分ごとに行っている。コロナ禍になる前までは24時間、ロウリュサービスをやっていた。夜中でも早朝でも発汗しまくる人たちがいたのである。

6　フィンランドサウナ

フィンランドから取り寄せた木材の宝石「ケロ材」（フィンランド産の立ち枯れ材で欧州アカマツが多い）を使った本格サウナ。セルフロウリュ、ヴィヒタ（白樺の葉）で全身を叩くこともできる。

わたしも入ったけれど、同室者に断ってから、熱したサウナストーン水をかけるセルフロウリュの人がいた。同店には熟練のサウナマニアたちが来ている。

7　ハマーム（岩盤浴）

ハマームはトルコ式の岩盤浴でスチームサウナ。浴室内はすべて大理石でできている。ドライサウナが苦手な人にはありがたい施設だ。素っ裸でわたしが入った時は円形の大理石舞台の上で、おじさんふたりが豊洲市場のマグロ状態で寝ていた。

8　塩サウナ

床一面の山盛りの塩に圧倒される。まるで雪景色のようだ。「塩を体にすり込むことで、新陳代謝の促進やデトックス効果のほか、お肌の引き締めとすべすべ効果が期待できます」（同館のホームページより）。塩サウナに入っていると、たいていの人はお腹に大量の塩をすり込んでいる。みるみるお腹が真っ赤になっていく。

8つもの温浴施設があるので、メインサウナが混雑していても、どこかを利用することができる。入浴料金はフリータイムで2900円。一般のそれよりもやや高い。

だが、水道水でなく汲み上げた源泉であること、8つの温浴施設を有していること、細部にわたる豊富なアメニティを取り揃えており手ぶらでも満足して利用できること、清潔さなどを考え合わせると、決して高くはない。いくら安くても、床が濡れていたり、設備が老朽化していたりすると、退館したくなるのが人情というもの。サウナを選ぶ際に重要なのは、何はなくとも「清潔」だ。

清潔さと情熱

日々、ハードな仕事をこなす前田熱波師

同店が日本一と称されるのは設備、清潔さもさることながら、働く人たちの情熱が熱波のように伝わってくることだろう。その代表が前田を始めとする熱波師たちである。

前田は「24時間、深夜でも早朝でもロウリュをやっていたのは業界では私たちだけです。あれで鍛えられました」と胸を張る。

前田は入店して4年目。今はマネージャーだ。元々は音響効果の仕事をしていたのだが、徹夜の多い仕事で疲弊していた。疲れた身体を休めるために温浴施設やスーパー銭湯に通っているうちにサウナに目覚め、熱波師を目指すようになった。自身で熱波師検定の資格を取得し、神戸サウナ&スパに入社。現在はマネージャー業務にあたりながら新人熱波師の研修を行っている。

「ロウリュはトータルでだいたい5分以上、10分未満で終えるようにしています。当店ではお客様一人ひとりに風を送るサービスを行っています。おかわりのロウリュをやるから、他店よりも長いパフォーマンスになります。

うちでは華麗なタオルさばきよりも、全力でお客様に向き合うことが第一。熱風を的確にコントロールして、身体のすべての部位にまんべんなく送る。それでご満足いただく。お客様の好みに合うロウリュです。

コロナ前は20分に1回やっていて、一日に67回。3~4人が交代でやっていたのですが、真夏には倒れたスタッフもいます。熱いなかでスポーツをやるようなものですからね。

失敗はちゃんと風を送れないこと。プロ野球のピッチャーが暴投するみたいな感じで、頭へ送ったつもりが、上の方へ抜けたりする。お客様から『ぜんぜん風来ないよ』って言われたらミスです。ダメです。

体力的にしんどい仕事ではあります。でも、ロウリュを終えると仕事をやり切った爽快さ、全力疾走した達成感みたいなのを感じます。それでも疲れます。ロウリュの後、熱波師全員でバルコニーで涼むんですけど、終わった途端、みんな『はぁ』です。無口になって脱力する。ひとりで10回くらいおかわりする人がいるんですよ。10回おかわりと聞くと、覚悟を決めて、よし、やってやろうという戦いの気持ちになります。やるか、やられるか、です。10回が30人も続くことがあります。そうなると、手分けするのですが、それでも倒れるのは覚悟です」

サンクチュアリについて

前述のように神戸サウナ&スパはいつ行っても混んでいる。混んでいるからロウリュが始まる前はサウナ室前で並ばなくてはならない。困った点があるとすればそれくらいだろうか。

サウナ室のなかでもジャケットを着て、ネクタイを締めている総支配人の津村浩彦は「申し訳ありません。ロウリュはお待たせすることが多いです」と素直に頭を下げる。津村は神戸のホテルオークラに勤めていた頃の縁で神戸サウナ&スパへ入社、ホテル仕込みの接客サービスで利用者をもてなしている。

津村は言った。

「サウナ業界では『ツムツム』と呼ばれているんです。『マンガ サ道』のタナカ先生が会うなり、『津村さん、あっ、ツムツムだあ』とおっしゃって……。それがファンの方たちに広まりまして、私、ツムツム、なんです。

当館には連日たくさんの方がお越しになります。カプセルホテルは平日は出張などのご利用が多く、週末はつねに満室でサウナ好きの方々がサ旅（サウナ旅）を満喫なさっています。特に年末は一年のなかでもいちばん多くお客様がお見えです」

それこそ「芋の子を洗う」ような混雑だ。

館内を案内してもらいながら、ツムツムが指さすところを見ていった。フロント、廊下、階段など、いたるところに花が飾ってある。造花ではない。生花だ。1週間に一度は取り換えなくてはならない。

「サウナに対しては偏見を持つ方がいます。ですが、私どもは社訓である『おもてなしの心』を持ってサービスのご提供に努めています。そうですね、なんといっても清潔にするのがいちばんでございます。また館内には本物の木を使い、ご覧いただいているお花もすべて本物です。

私自身はスーツやジャケットを着て、ワイシャツとネクタイです。上着のボタンもちゃんと止めて、そして、浴室にも入っていきます。靴下は脱ぎますが……。それが当社のポリシーで、総支配人はきちんとした正装でお迎えすることになっているのです。私はサウナのなかがちょっと汚れておったりしたら、スーツ姿でお掃除をしますし、新入りの者がロウリュを行う前には、スーツを着たまま実際に熱風を浴びたりもします。お客様目線で清潔なり、サービスを考えることが大事ですから、もう、汗びっしょりでやっています」

ツムツムは毎日、汗みどろになる。スーツも傷む。それでも正装のままだ。ただし、帰りに店でひと風呂浴びてから帰ることにしている。そうして、自宅に着くとまた風呂に入る。清潔なのである。それほど清潔な男が館内の清潔度チェックをするのだから、不潔になるはずがない。

また、ツムツムがもうひとつ、目を光らせているのは館内の雰囲気を保つこと。大声を上げたり、酔って騒ぐ者には臆することなく、慇懃《いんぎん》に注意をする。それでも騒ぐようであれば退館させる。深酒の状態での入浴は命の危険を伴うからだ。

ツムツムは話す。

「恐れ入ります。その通りでございます。たまにいらっしゃるんです。酔っ払って、廊下で寝てしまい、起こそうとすると、『うるせぇ』『このハゲ』とおっしゃる方がおられます。ええ、私、髪の毛がちょっと薄いものですから『このハゲ』と呼ばれるわけなんです。当館は共有スペースが多く、皆様に快適にお過ごしいただくため致し方ない場合もございます。こういった時も、真摯に臆することなくお客様に、他のお客様へご迷惑がかかるようなことがあれば、次回のご利用を促すようお話しさせていただいております。とにかくここは皆様のための施設なんです。そこだけわかっていただければ、私どもも精一杯、努めます」

入れ墨、タトゥーの禁止など

同店には入れ墨、タトゥーの人は入ることができない。1992年、暴力団対策法が施行される前から同店は「入れ墨お断り」だった。2019年のラグビーワールドカップの開催時にはタトゥーの入った海外からの選手や観光客がフロントにやってきた。その時も

「規約がございますので」と丁寧に説明し、入館を断っている。海外の選手や観光客だけ例外にするわけにはいかなかったからだ。

ツムツムは「入れ墨の方がたまにいらっしゃいます。海外ではタトゥーは当たり前のようなのですけれど、これは当館のルールですから。これからもこのルールは守り続けていこうと思っております。

うちはスタッフたちのチームワークでやっている店です。熱波師、ボディケアトレーナー、現場のスタッフ、裏方のスタッフを含め全員が力を合わせて、小さな改善をすることでサービスの質を上げていこうと思っております」

ツムツムが言ったように同店のサービスは細かいことの積み重ねだ。たとえば、今はフロントで100円の燃油サーチャージ料を払わなくてはならない。燃料代が高騰しているからだが、他店であれば値上げするだろう。ところが、同店は燃料代が下がれば通常の料金に戻す。なかなかできることではない。

タオルも他店のそれとは違う。通常よりも長めのタオルを使用している。両端を持って背中をごしごしこするのに適している。浴場で使うナイロン製のボディ洗いのタオルは他店では洗ったものがそのまま畳んで置いてあるだけだ。しかし、神戸サウナ&スパでは個包装にしてある。手間はかかるが清潔感が違う。

レストランのメニューも他店だったら、カレー、ラーメン、焼きそばなど、せいぜい30種類といったところだ。だが、神戸サウナ＆スパでは200種類を優に超える。シャンパンはないけれど、ワインは置いてある。また「兵庫ご当地グルメフェア」といった季節ごとの料理フェアも行っている。「加古川かつめし」「高砂にくてん」「姫路おでん」「姫路アーモンドトースト」といった地元の店でしか出さないような兵庫グルメをメニューに載せている。

なお、女性フロアのレストランで出す食事はヘルシーだ。サラダメニュー、繊維質の多い豆を使ったメニューに力を入れている。そうして、言わずもがなだけれど、館内は禁煙。喫煙ルームはある。

神戸サウナ＆スパを体験すると、つくづくサウナはおじさんたちの楽園から健康的なテーマパークに変わったと感じてしまう。おじさんたちが行く場所というより、サウナハットをかぶった素敵な若者たちの聖域に変わりつつあるのが今のサウナだ。

ただし、そうしたコンテンポラリーに染まったサウナのなかでも、唯一、おじさん度が高い場所がマッサージルームだ。そこだけは相変わらず、いびきの音が聞こえるし、おやじが腹を掻きながら寝ている。わたしのホームタウンだ。わたしはそこでマッサージ人生を始め、そこから出てきた。ところが、悔しいことに、彼らはわたしが愛したマッサージルームを改善してしまったのである。

ボディケアもまた素晴らしい

取材のため、同店でマッサージを受けた。いや、そこではマッサージとは言わない。ボディケアだ。

ボディケアを予約するのは8階の受付だ。その前で座って待っていたら、ボディケアトレーナーの鶴巻女子がやってきた。鶴巻に連れられて階段を上がり、階上フロアに行く。部屋の照明はアンビエントライト。明るくもなく、暗くもない調光である。

マッサージ台は電動で、高さが上下するものを使用している。

そうこうしているうちに、施術が始まった。他店とは違う「おくるみサービス」からのボディケアである。「おくるみサービス」とはドイツのバーデンバーデンで始まったもので、シーツですっぽりと身体を包む。客は赤ちゃんになった気分になり、癒やされる。確かに、悪いものではなかった。その後、うつぶせになって、いよいよ本格的なスタートだ。穴のあいたマッサージ台から、ふと下を見てみたら、なんと、そこに水鉢があった。季節ごとになかなかの装飾を入れ替えているらしい。

施術が終わり、退室しようとすると彼女は手にバスケットを提げていた。「おもてなしボックス」だそうだ。施術中にのどの具合が悪いのに気づいて、のど飴を取り出し渡してくれた。「おもてなしボックス」には担当者一人ひとりがゲストのためにのど飴や絆創膏、眼鏡拭きなどを用意している。

神戸サウナ&スパ、おそるべし、である。

お迎え、お見送り、シーツでくるむ技、そして、目の前の小さな癒やし。施術の技術で差別化するだけでなく、施術以外でも勝負している。さまざまなディテールでゲストを癒やそうとしている。さらに、退館して帰る際、フロントで鶴巻から名刺を渡された。そこには「今日はどうもありがとうございました。またお目にかかる機会を楽しみにしています」とあった。

鶴巻とは少しだけ話をしたのだが、彼女はこう言っていた。

「当店のボディケアの特徴は力が強いことではないかと思うんです。練習として揉み合いっこさせていただくことがあるんですけど、先輩方でもすごく力が強い。
ある先輩はもう30年以上も勤めているのですけれど、それでも力強い。私自身、ここじゃなくて違うマッサージ店でマッサージされた時、大したことないなと感じたんです。男性のスタッフさんでしたけれど、うちの先輩の方が圧が強かった。伝統の力なのかな。それともうちにいらっしゃるお父様方の背中、肩が硬いのかもしれません。ですから、自然と鍛えられていくんですね」

ボディケアトレーナーの鶴巻と
「おもてなしボックス」

確かに力強いボディケアだった。彼女たちの指名料は１６００円。ボディケア50分の４９８０円を考えると高額だ。それでも指名する客は大勢いる。それだけを払っても神戸サウナ＆スパのボディケアを受けたいと思う人が多いのだろう。一日中、パソコンに相対して背中と肩が硬直している日本人がいる限り、神戸サウナ＆スパのボディケアルームは隆盛が続く。

いちばんのサービス

わたしは2日間、取材をした。スタッフの話を聞いた。風呂も入った。ハマームにも塩サウナにも3回ずつ入った。カプセルホテルで寝て、隣室のいびきも聞いた。朝ごはんのビュッフェも食べた。全身全霊を込めた取材だった。

熱波師にも、ボディケアトレーナーにもツムツムにも感心した。だが、もっとも、やるなあと思ったのは次のエピソードだったのである。

ツムツムは言った。

「私がこちらに着任してすぐのことでした。夜、台風が来まして。電車が全部止まってしまったのです。行くところがなくて、大勢の方が雨宿りのために詰めかけてきたんです。リクライニングシートのベッドもいっぱい、カプセルホテルも満室で、何人かのお客様をお断りしたんです。そうしたら翌朝、社長から大目玉を食らいました。

『総支配人、きみは何を考えているのか。

こういう時こそ、困っているお客様を助けてお迎えするのが本来のサービスではないか。何もわかっていないんだな』

私は恥じ入りました。

神戸サウナ＆スパは台風などの災害時も避難し、休憩できる場所としてお客様をお迎えするのです。我々のモットーである『おもてなしの心』でこれからもサービスしてまいります」

以後、ツムツムは台風が近づいてくると、床を必死に掃除する。毛布を揃える。そうして、誰が来てもいいように、フロントで待機する。それがサウナのいちばんのサービスだ。

第11章

眠らないにぎりめしの店

にぎりめし店長

本間直也

（北海道札幌市）

札幌の真冬、深夜に行列

真冬の札幌。深夜ともなると零下15度にはなる。そのうえ、雪が降っていると、北の繁華街すすきのからは人影がなくなる。

ところが……。

吹雪でも、しばれる夜でも、そしてコロナ禍であっても、行列が途切れない店がある。

それが「にぎりめし」だ。すすきのの中心部、すすきの市場にある24時間営業のテイクアウトとイートインの店である。

売っているのは店名通りの、にぎりめし。

鮭、うめ、かつおといった定番から、たらこバター、山わさび納豆、紅鮭カマ、海老バター醤油といった北海道の特産を具に入れたものまで三十数種類はある。加えて、豚汁、きのこ汁といった汁物、鶏のから揚げ、サバの味噌煮、だし巻き卵、豚の角煮といった、おかず兼つまみの数々も売っている。

コロナ禍以前のある年のこと、わたしが店頭で見たのは次のような光景だった。

真冬の2月だった。時間は午前6時過ぎ。素泊まりでビジネスホテルに泊まっていたわたしは朝食用に、にぎりめしを買いに出かけた。雪が降っていて、20メートルも歩くと、足先から寒気が上がってきた。ダウンパーカには雪がまとわりつき、スノーシューズの靴底にも雪がくっついた。にぎりめしの店頭に着いたら、テイクアウトの窓口前に4人連れの客が待っていた。いずれも夜の仕事を終えたビジネスパーソンとおぼしき人たちで、男女比は2対2。年齢は若いと見た。窓口から大きな包みが出てくると、礼儀正しい彼らは「ありがとうー」と頭を下げると同時に、包みを破った。すると、握りたてのにぎりめしが出てきて、ご飯からは盛大な湯気が立ち上ったのである。

横で見ていたわたしはごくりとつばを飲み込んだ。ビジネスパーソンたちは、おのおの食べ始め、雪のなかへ踏み出していった。彼らはもぐもぐと口を動かしながら、ざくっざくっと歩いていく。路面は夜半からの雪で覆われていた。しかし、温かいにぎりめしを食べた彼らの足跡だけは雪が溶けているようにわたしには見えた。大げさではない。本当の話だ。温かいにぎりめしは人間に温熱とエネルギーを与えるのである。

1日に800人はやってくる

同店の店長の名前は本間直也。ナオちゃんと呼ばれている。彼はオホーツク海に面した北見市出身の35歳。入店して7年だが、それ以前にもアルバイトとして4～5年は働いていたことがある。

わたしが「取材です」と言ったら、ナオちゃん店長は店の隣にあるご飯を炊くスペースを見せてくれた。

「3升炊きの釜が三つあります。忙しい時は3升炊いても40分でなくなってしまう。もう、一日中、炊きまくりです」

3升のご飯からにぎりめしは約10

湯気が立ち上る温かいにぎりめし

0個、作ることができる。忙しい日は3升を16回は炊く。つまり1600個のにぎりめしを作ることになる。

ひとりあたり2個を注文するとすれば1日に800人の客がやってきているわけだ。それだけの人が来るのだから、深夜でも行列ができるはずだ。

ナオちゃん店長は「うちのは家庭のおにぎりとは違います」と言った。

「家庭のおにぎりは手で圧をかけてぎゅっと握って固めるでしょう。うちのにぎりめしは一度、カップにご飯を入れて、具を載せます。そして、上からご飯を少し加えたら、ふわっと形を作って整えるんです。最後に整えたご飯を海苔で『締める』。ご飯を固めるんじゃないんです。ご飯のなかに空気を混ぜ込んで、ふわっとさせて完成です。海苔で締めるところがちょっと難しくなんかないですよ。1カ月もすれば誰でもできます。海苔で締めるところがちょっと大変かな。失敗すると、新しい海苔で締めなおします」

彼が作るところを見ていると、炊きたてのご飯と具材をカップから手のひらに載せ、転がしながら形を整えていく。もう一方の手のひらには醤油をつけ、ご飯の表面にコーティングする。塩味の場合は手のひらに塩をまぶして、やはり転がしながら調味する。そして、最後に三角形に切った海苔で、袴をはかせるように締める。ポイントは握る技ではなく、海苔で締めるところだ。

「難しいのは鮭イクラにぎり。具がデカいから、はみ出しやすい。はみ出すのは嫌なんです。外に具がはみ出していいのはだし巻き卵のにぎりめしだけです」

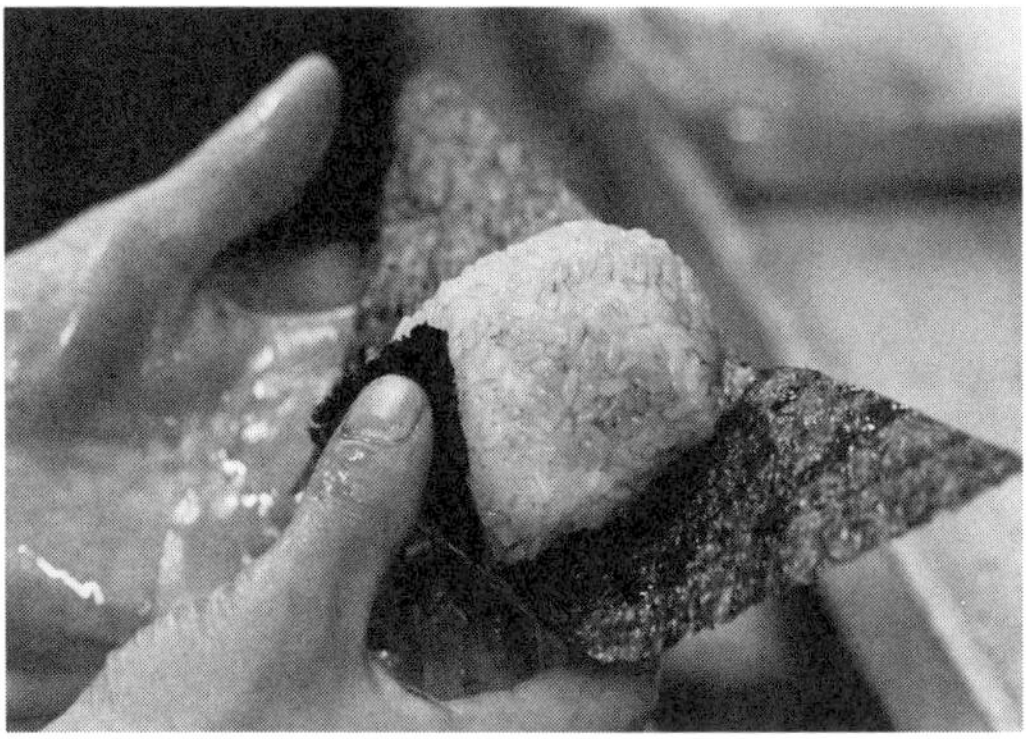

仕上げは海苔でふわっと締める

店長以下の握り手たちは「ご飯から具をはみ出させないこと」にプライドを持っている。そうすると、どのにぎりめしも中の具がわからなくなるから、最後に鮭とか焼きたらこを少し載せる。それで出来上がりだ。

1個の重さは130グラム。コンビニのおにぎりは1個で110グラムから120グラムだから、それよりも大きい。二つも食べればお腹いっぱいになる。

「お客さんはテイクアウトが8割。だから、コロナはあまり関係なかったですね。店内のお客さんから言われることがあります。『いいねえ、あんたたちの握るリズムがいいんだよ』って。でも、そうかな、そんなものかなって感じで、意識してるわけじゃありません」

料理はすべてホームメード

店長の仕事はにぎりめしを作ることよりも、むしろ、豚汁やサバ味噌煮などの料理作りにある。

彼は教えてくれた。

「お客さんが多いのは夜から朝にかけてです。社員とアルバイトが交代で勤めていて、僕は料理作りです。出来合いのものは使っていません。カキの佃煮もカキは冷凍ですけれど、あとは厨房で煮込みます。レシピは昔から伝わっているものをアレンジしながらですね。僕は酒飲みだから、どうしても味が濃くなってしまう。そこに気をつけています。

にぎりめしの具もチャンジャとか梅干を除いて、全部ホームメードです。だし巻きも自分で作ります。山わさびとかは北海道産ですけれど、米、海苔などは他から仕入れてます。

店のオーナーが全国で食べ歩いたなかで、おいしいなと思ったものを取り寄せているんです」

　にぎりめしの値段は280円からだ。コンビニのおにぎりよりも高い。だが、米、海苔、具材の質は良いものだし、量も多い。それを考えるとリーズナブルな値付けといえる。そして、見ていると、1個300円以上の高価なにぎりめしを注文する人が多い。

「おかずも出ますよ。これも持ち帰りが大半です。売れるのはだし巻き卵と鶏のから揚げで、ツートップですね。店内でおかずを注文する人は酒を飲んで、つまみにするお客さんかな。締めに豚汁とにぎりめしを食べて帰る。夜から朝まで、お客さんが途切れることはないです。

　みなさん、とにかく喜んでくれるんですよ。持ち帰りのにぎりめしをその場で開けて、食べて、『おいしい。これだよー』なんて言ってくれる。感動して食べてもらえる。えー、そこまでおいしいものなのか、と思ってしまいます」

ナオちゃん店長のいいところ

ナオちゃん店長は27歳までギタリストだった。両親がベンチャーズのファンだったので、子どもの頃からギターを弾いていた。高校を出てから札幌に出てきて音楽の専門学校でギターを習う。目標はBOØWY（ボウイ）とGLAY（グレイ）だった。

「専門学校を出てから数年間、アルバイトをしながらバンドを組んでました。この店で働くことにしたのは夜、働くことができたからです。昼間は音楽をやって、夜から朝にかけてにぎりめしを作ってました。ただ、一度、店を辞めたことがあります。売れないバンドじゃ食っていけないから、札幌駅近くの居酒屋に正社員として勤めたんです。そうしたら、前の店長から『戻ってこないか。正社員にするから』と言われて……。それでここに入りました。

もうひとつの理由は……。

僕はこの店の向かいにある地下のライブハウスで解散コンサートをやりました。その時、前の店長とかアルバイトとかみんなで見に来てくれたんです。あの時、客席は満員になりました。バンドをやっていた間で、いちばんお客さんが多かった。あれは僕にとっては、とっても嬉しかったです。だからここに勤めた……」

ナオちゃん店長が働いている様子を見ると、部下やアルバイトにストレスを与えないよう、いつも冗談を言っている。声が小さいから、どんな冗談なのかはわからないけれど、アルバイトたちは脱力してほほ笑んでいる。

そして、彼は声を荒げない。にぎりめしを締める海苔を巻くのに失敗したアルバイトにも小さな声で、「さ、もう一度、やってみよう」と言うだけだ。

店長として彼がやっているのは店の雰囲気をよくすることだ。

24時間営業や深夜営業の店に行くと、従業員はたいてい疲れている。店内に活気はなく、寂寞《せきばく》たる空気が漂っている。

しかし、それは当たり前だ。働く立場にとってみれば深夜労働は眠気と戦いながらの仕事なのだから。

そこで、ナオちゃん店長はみんなの気持ちを少しでも上向かせようとする。脱力するようなジョークを時々、言いながら、みんなを温かい気持ちにする。

この店のサービスは客に温かいにぎりめしを提供すること。そして、ナオちゃん店長のサービスは従業員につねに温かく接すること。それだけ。

あとがき――答えはユーザーファースト

コロナ禍でサービス業に携わる人の数は減った。総務省の労働力調査によれば飲食、宿泊に関わるサービス業従事者は２０２０年、２０２１年の2年間で実に50万人も減ったという。また、タクシー業界ではドライバーが6万人、減ったともいわれている。

感染が一息ついた現在、外食する人、旅行に行く人は増えている。タクシー利用者も増えた。だが、サービスの業界は人手が戻ってきていないため、すべての部屋を開放していない旅館やホテルがある。すべての席を使っていない飲食店も見受けられる。

こうした時代、サービスの達人たちは何をしているのだろうか。

彼らは外部の環境変化を気にしていない。目の前にいる客が何を望んでいるかだけを考え、自らのサービス技術を向上させることに力を注いでいる。ユーザーファーストに徹している。

たとえば、ヤマモリ会長の三林憲忠だ。三林はコロナ禍でもタイカレーを売り、タイフードを根づかせようとしている。そんな彼が「タイカレー」という言葉を生成したのは、「日本のお客さんはゲーン・キャオ・ワーン（グリーンカレーのこと）なんて発音できないから」だ。客が望む言葉、客が発音できる名前を付けた。

DJ社長の松田一伸が忍者麺を作ったのは、すすきののスナックで「札幌ラーメンが食べたい」という客が多いからだ。スナックの厨房は狭い。スープを仕込んだり、麺を茹でたりはできない。忍者麺ならレンジでチンすればいい。

ニュー東京の小山純子が「みんなでミニスカートをはこう」と決めたのは、紳士のお客さんたちはいつも疲れていると感じたから。純ちゃんは紳士たちの目と心を癒したかった。

札幌のにぎりめしのナオちゃん店長が夜中もにぎりめしを握るのは、お酒を飲んだ後、お腹が減る客がいるからだ。夜中の客は一杯飲んだ後だ。コンビニのおにぎりより、人が握った、ほんのりと温かいにぎりめしを食べたいと思っている。

達人たちにとってサービスは「作品」ではない。彼らはアーティストではない。

彼らはプロのサービスパーソンだ。客が望んだことをかなえてあげる天使のような人たちだ。彼らはつねに客を見ている。そして、つねにサービスの内容を向上させようとする。

小山純子たちがある時から、ミニスカートをはかなくなったのは、それは、客の視線がミニスカートから離れるようになったから。

この人たちはユーザーファーストだ。客のことを考え、客が望むことを形にする。それができている限り、達人たちのサービスは不滅だ。

２０２３年9月　野地秩嘉

著者 **野地秩嘉**（のじ・つねよし）

1957年東京都生まれ。早稲田大学商学部卒業後、出版社勤務を経てノンフィクション作家に。人物ルポルタージュをはじめ、ビジネス、食や美術、海外文化などの分野で活躍中。『TOKYO オリンピック物語』でミズノスポーツライター賞優秀賞受賞。『キャンティ物語』『サービスの達人たち』『高倉健インタヴューズ』『トヨタ物語』『スバル ヒコーキ野郎が作ったクルマ』『日本人とインド人』『京味物語』『警察庁長官　知られざる警察トップの仕事と素顔』『伊藤忠 財閥系を超えた最強商人』『図解 トヨタがやらない仕事、やる仕事』ほか著書多数。

サービスの達人に会いにいく

プロフェッショナルサービスパーソン

2023年10月2日　第1刷発行

著　者　野地秩嘉

発行者　鈴木勝彦

発行所　株式会社プレジデント社

〒102-8641　東京都千代田区平河町 2-16-1

平河町森タワー 13階

https://www.president.co.jp/

https://presidentstore.jp/

電話：編集（03）3237-3737

販売（03）3237-3731

編　集　桂木栄一

編集協力　千﨑研司（コギトスム）

装　丁　竹内雄二

制　作　関 結香

販　売　高橋 徹　川井田美景　森田 巌　末吉秀樹

印刷・製本　TOPPAN株式会社

ISBN978-4-8334-2510-0

Printed in Japan

落丁・乱丁本はおとりかえいたします。